늘 든든한
내 인생의 동반자인
아내와 아들 민석, 딸 서영에게
이 책을 바친다!

대한민국 부모 자녀 행복교육 프로젝트

잔소리 말고 온소리

내 아이와 소통이 잘 되는 부모의 공감대화법

라라북랜드
LLBL

들어가며

먼저 본론에 들어가기에 앞서 질문을 하나 할까 한다!

"잔소리의 반대말은 과연 무엇일까?"

"……"

언뜻 대답하기가 어려울 것이다! 인터넷에 똑같은 질문을 하니, 다음과 같이 여러 가지 대답들이 나왔다.

"우산!", "배려!", "칭찬!"

사실 그대로 말하자면, 현재 우리말 국어사전에는 잔소리의 반대말이 없다! 놀랍지 않은가? 어떻게 우리가 일상생활 중에서 가장 많이 듣거나 쓰는 말인 잔소리의 반대말이 국어사전에 없는지 의아하게 생각하는 이들이 적지 않을 것이다. 하지만 사실 그대로다!

이런 현실로 인해 나는 우리나라 부모들이 아이와의 대화 과정에서 잔소리를 더 집중적으로 쓸 수밖에 없는 점을 강조한다. 이런 주장을 펼치게 된 근거가 있다.

오스트리아 출생의 영국 철학자 비트겐슈타인의 명언 중에 이런 말이 있다.

"나의 언어의 한계가 나의 세계의 한계다!"

이 말의 뜻은 과연 무엇일까? 곧 이렇게 풀이할 수 있지 않을까?

'평소 내가 쓰는 언어(말)가 내 사고방식에 미치는 영향력은 그야말로 지대하다. 그리고 그것이 곧 내 세계를 형성한다'

반대로, 내가 쓰지 않는 언어(말)는 내 생각의 범위 밖에 머물러 있기에 내 사고방식에 미치는 영향력은 거의 없다. 그래서 그 언어(말)는 내 세계와는 전혀 상관이 없는 언어(말)다. 마찬가지로 우리 국어사전에 잔소리만 있고 이 말의 반대말이 없다는 사실로 인해, 우리나라 부모들이 아이와의 대화에서 잔소리를 더 집중적으로 쓰는 부정적 언어 환경에 놓여있다고 단정지을 수 있다. 만약에 잔소리의 반대말이 진작에 우리 국어사전에 규정돼 있었다면 어떻게 되었을까?

지금과 같이 우리나라 부모들이 잔소리만을 집중적으로 쓰는 개념 활용의 쏠림현상도 충분히 방지할 수 있지 않았을까 생각해본다.

이런 시각에서 출발해, 나는 잔소리의 반대말로 '온소리'라는 신조어를 만들게 되었고, 잔소리 대화 문화의 대항마로 온소리 대화 문화를 널리 확산시켜, 우리나라 부모와 아이와의 대화 분위기를 현재보다는 훨씬 더 긍정적으로 바꿀 수 있을 거라고 확신하게 되었다.

우리가 습관적으로 쓰는 말이 우리 인생에 얼마나 크나큰 영향을 미치는지 알 수 있는 속담이 있다. 바로 '말이 씨가 된다'이다! 여기서 말하는 '씨'란 과연 무슨 뜻일까? 이렇게 풀이할 수 있지 않을까?

우리가 습관적으로 쓰는 말이 어떤 종류의 말인가에 따라서 그것이 우리를 행복하게 만드는 행복의 씨앗이 되기도 하고, 우리를 불행하게 만드는 불행의 씨앗이 되기도 한다고 말이다. 그렇기에 평상시 긍정적인 언어 습관을 기르는 게 중요하다고 강조하는지도 모른다.

그럼에도 불구하고 지금 우리나라 부모와 아이 사이의 소통(疏通)을 제일 방해하고, 서로의 관계에도 악영향을 끼치는 말이 '부모의 잔소리'다. 이 말이 부모와 아이와의 대화 중에 심심찮게 등장하다 보니, 그들 사이에 생기는 문제들이 이미 심각한 지경에 이르렀다. 이와 관련된 몇 가지 사례를 제시하면 다음과 같다.

사례1: 2021년 5월 인천에서 발생한 사건

인천 논현 경찰서는 초등학생 A군을 붙잡아 조사했다.
경찰에 따르면 A군은 엄마가 "게임을 그만하라!"는 잔소리에 격분해 엄마에게 흉기를 휘두른 혐의다.

사례2: 2021년 8월 대구에서 벌어진 사건

대구 서부경찰서는 친형제 A군과 B군을 구속시켰다.
담당 경찰에 따르면, 이들 형제는 친할머니가 평소 잔소리를 심하게 한다는 이유만으로 할머니를 살해하는 끔찍한 범죄를 저질렀다고 한다.

사례3: 2021년 11월 경기도 광주에서 일어난 사건

경기도 광주경찰서는 아버지에게 흉기를 휘두른 10대 A군을 붙잡아 조사했다.
A군은 중학교를 중퇴한 뒤 집에서 게임만 한다는 아버지의 잔소리

에 분을 이기지 못해 범행을 저지른 혐의다.

이와 같이 부모의 잔소리는 아이에게 극심한 스트레스를 안겨 줘 끔찍한 범죄 행위를 자행하도록 할 만큼 심각한 사회 문제들을 양산하고 있다. 부모 잔소리가 직접적인 원인이 돼 아이들이 일으키는 사회 문제가 이렇게 엄중한데도 불구하고, 우리 사회에 아직까지도 잔소리의 반대말이 없다는 건, 그에 관해서 우리 모두의 무관심함을 방증한다.

때문에 이런 모순되고 불합리한 문제를 더 이상 방치해서는 안 된다는 위기의식을 갖게 되었고, 이에 대한 사명감으로 이 책을 집필하게 되었다. 책에서 제시하는 대화 방법이 널리 확산돼, 우리나라 부모와 아이와의 소통이 지금보다는 더 원활해지고, 서로의 관계도 더 돈독해지기를 희망해본다.

목차
contents

목차

Chap3. 잔소리 말고 온소리

목차

contents

Chap5. 온소리로 온 가정이 행복해지는 그 날까지

Chap1.

세상에서
제일 불통의 말,

잔소리

세상에서
제일 불통의 말,
잔소리

1-1. 잔소리공화국

어머니 연세는 올해로 팔순을 넘기셨다. 혼자 사신지도 어언 10년
이 훌쩍 지나갔다. 틈틈이 안부를 물을 겸 찾아뵈면 나이 오십 넘은
아들에게 꼭 잔소리 몇 마디 하신다. 별로 새로울 게 없다.

"이젠 술 좀 끊을 때도 됐지 않느냐? 술이 뭐가 그렇게 좋다고 아
직도 끊질 못하느냐?"
"젊은 나이도 아닌 데 건강 좀 알아서 잘 챙겨라!"
"운동 빼먹지 말고 날마다 부지런히 하거라!"

만날 때마다 똑같은 잔소리를 들으면 내 기분도 썩 좋지 않다. 물

론 어머니 말씀은 백번 지당(至當)하다. 하지만 잔소리 내용은 내가 진작에 해온 습관들이기에 지금 나와는 별 상관이 없다. 술이야 일주일에 한, 두 번 겨우 마실까 말까 할 정도로 과한 수준이 아니고, 운동 역시도 이미 30년 가까이 합기도 수련을 해오고 있을 정도로 열심이다. 그 덕택에 아직까진 건강에 별 탈이 없다. 그래서 어머니의 잔소리는 내겐 기우(奇偶)에 불과하다.

물론 당신도 그런 내 상황을 잘 알고 계시다. 그런데도 나를 볼 때마다 잔소리를 그만두지 못하는 이유는 과연 무엇 때문일까? 바로 젊은 시절부터 내게 해온 말버릇을 아직도 고치지 못하고 계시기 때문이다! 만날 때마다 똑같은 레퍼토리를 한참동안 들으면, 갑자기 짜증이 일어난다. 그러면 어쩔 수 없이 나도 다음과 같은 말로 응수하고서야 잔소리 타령은 끝이 난다.

"네, 잘 알겠습니다! 제 일은 제가 알아서 할 테니, 어머니는 어머니 건강만 잘 챙기십시오!"

이런 일을 본가(本家)에 들를 때마다 겪다 보니, 당신을 뵙고 싶은 마음은 '굴뚝' 같지만 본가를 향하는 내 발걸음은 무겁기 그지없다. 그리곤 갑자기 억울한 생각이 든다.

'어머니는 아직도 나이 오십 넘은 자식(이 책에선 '자식' '아이' '자

녀'를 같은 의미로 혼용(混用)해 쓸 예정이다)을 애 취급하고 있구나!'

자식 역시도 세상실이며 인생실이가 이미 만 백 년이 넘었고 어언 사회생활도 끝물에 다다른 지금, 어머니는 여전히 나를 물가에 내놓은 애마냥 보고 있구나! 라는 생각에까지 미치면 헛웃음이 절로 나온다. 자식 나이가 오십이 됐든, 육십이 됐든, 칠십이 됐든, 모든 자식은 부모 앞에선 만년(萬年) 어린애인가 보다!

이렇게 자식에게 습관적인 잔소리를 끊지 못하는 부모들에게 법륜 스님은 책《인생수업》에서 다음과 같이 조용히 타이른다.

'자식이 부모 곁을 떠나고 잘 안 찾아온다면 부모는 자신을 돌아봐야 합니다. '내가 좀 잔소리가 많구나. 남의 인생에 간섭을 하는구나.' 생각해야 합니다.'

어릴 때부터 부모의 잔소리를 줄곧 듣고 커온 아이들의 경우, 부모에 대한 이미지가 긍정적이지 않다. '부모 = 잔소리꾼'이라는 고정관념이 굳어져 있기에 부모와의 대화도 될 수 있으면 꺼린다. 그런 탓에 그들이 결혼해 분가(分家)할 즈음엔, 가능하면 본가와 멀리 떨어져 삶으로써 서로 간의 왕래를 최소화하는 태도를 보이기도 한다. 안타까운 일이 아닐 수 없다!

한편 우리나라 사람들의 잔소리 역사는 유래가 꽤 깊다. 가히 대한민국은 '잔소리공화국'이라고 불려도 손색이 없을 만큼 잔소리와 직접 연관된 옛날 속담이나 표현들이 많은데, 나열하면 다음과 같다.

'두말하면 잔소리'

'늙을수록 느는 건 잔소리뿐이다'

'좁쌀에 뒤웅 판다(잔소리가 심하다는 말)'

'집안이 화합하려면 베갯밑송사는 듣지 않는다(집안 어른이 부녀의 잔소리를 듣고 그것을 믿어 그대로 행하면 집안에 불화가 있게 된다는 말)'

'봉사 씨 나락 까먹듯(남이 알아듣지도 못할 잔소리나 군소리를 늘어놓는 경우를 비유적으로 이르는 말)'

'담배씨로 뒤웅박 판다(사람이 매우 잘거나 잔소리가 심함을 비유)'

'걸레를 씹어 먹었나(잔소리가 아주 심함을 핀잔하는 말)'

'개가 벼룩 씹듯(잔소리를 자꾸 되풀이하는 모양을 비유적으로 표현한 말)'

'황혼연설(黃昏演說)(노인의 잔소리를 속되게 이르는 말)'

'들볶다(까다롭게 굴거나 잔소리를 하거나 하여 남을 못살게 굴다)'

'사살사살(잔소리를 자꾸 늘어놓는 모양)'

'사설사설(辭說辭說)(잔소리나 푸념을 자꾸 길게 늘어놓는 모양)'

'잡잡지(匝匝地)(이런저런 쓸데없는 잔소리를 하는 일)'

위 표현들이 일상대화 중에 자주 인용되어선 곤란하다. 왜냐하면 잔소리만큼 듣는 사람의 대화 의지를 꺾고 서로의 소통을 방해하는 말도 없기 때문이다. 잔소리의 해악은 이뿐만이 이니다.

부모 입장에서 내 아이가 우선적으로 갖추기를 원하는 자질들이 몇 가지 있다. 그중의 하나가 '자기주도력(自己主導力)'이 아닐까? 즉 '자신이 주동(主動)적으로 자신의 일을 이끌어가는 힘'을 뜻한다. 하지만 이 역시도 부모 잔소리습관에 오랜 세월 동안 시달려온 아이들의 경우, 제대로 형성되기가 어렵다. 왜 그럴까?

이 말만큼 아이 기를 꺾고, 그들을 수동적으로 행동하게 만드는 말도 없는 탓이다. 부모 잔소리의 문제점들을 여기서 나열하자면 끝도 한도 없다. 이에 관해선 차차 구체적인 사례들을 들어가면서 하나씩 짚을까 한다.

'대한민국은 잔소리 공화국!'이라는 오명(汚名)을 하루빨리 불식시키기 위해선, 우리나라 부모와 아이 간의 대화방식부터 획기적으로 바뀌어야 한다.

"자식을 기르는 부모야 말로 미래를 돌보는 사람이라는 것을 가슴 속 깊이 새겨야 한다. 자식들이 조금씩 나아짐으로써 인류와 이 세계의 미래는 조금씩 진보하기 때문이다."　　　　　- 칸트

1-2. 세상에서 제일 불통(不通)의 말, 잔소리

'빨리빨리 일어나라 ~

늦잠자면 지각한다 ~

깨끗하게 이 닦아라 ~

고양이 세수하지 말고 ~

삼 분 동안 삼 분 동안

구석구석 말끔하게

학교가면 선생님 말씀 잘 듣고

수업시간엔 공부 열심히

급식은 남기지 말고

골고루 친구들과 사이좋게 지내기

학교 끝난 후엔 곧장 집으로

(...)'

이 곡은 2007년 <KBS 창작동요대회>에서 우수상을 수상한 <엄마는 잔소리 대장> 이라는 제목의 가사다. 이런 제목과 가사의 동요가 있었다는 사실을 뒤늦게 확인하고선 실소가 터져 나왔다. 평소 엄마의 잔소리 습관에 아이가 얼마나 큰 스트레스를 받았으면 이렇게 아이 심정을 동요로까지 만들어놨을까 생각해 봤다.

흔히 부모가 아이에게 하는 잔소리 중에 다음 표현들이 집중적으로 쓰인다고 한다.

"~ 해!", " ~ 안 해!", "~ 말아!", "당장 ~!"

이 말들의 공통점이 있다. 바로 아이의 생각과 감정은 도외시한 채, 부모의 생각과 감정을 아이에게 일방적으로 강요한다는 사실이다. 물론 이렇게까지 말하는 부모 입장을 보면, "아이가 도통 말을 듣지 않아 그럴 수밖에 없다!"라고 볼멘소리를 할 것이다. 하지만 이는 서로 간의 불통(不通)만 초래하는 불량의 대화법이다.

이쯤에서 우리가 기억해야 할 사실이 하나 있다. 그것은 바로 '잔소리는 그 말을 하는 사람이나 듣는 사람 모두에게 적지 않은 스트레스를 안긴다'는 점이다. 그래서 아이 역시도 부모 잔소리가 들리기 시작하면 서서히 귀 문을 닫기 시작한다. 그럼에도 불구하고 왜 아직도 많은 부모들이 잔소리를 대화라고 생각하고 있을까? 대략 두 가지 이유를 들 수 있겠다.

첫째. 부모가 스스로의 잔소리 습관이 초래하는 문제점들을 제대로 인식하지 못하고 있기 때문이다.
둘째. 잔소리를 대체할 보다 더 효율적인 대화법을 아직까지 익히지 못한 탓이다.

부모가 된 이후로, 내 아이에게 잔소리 말고 '폭풍 칭찬'이나 '폭풍 인정'의 말을 제대로 해 본 적이 있는가?

사실상 많은 부모들이 고개를 내저을 것이다. 그만큼 우리는 그동안 내 아이에 대한 칭찬이나 인정에 인색했던 것도 사실이다. 그렇기에 아이로부터 '잔소리 대장'이라고 불려도 별로 할 말이 없다.

당신이 잔소리를 하는 근본 목적부터 밝혀라

부모가 아이에게 습관적인 잔소리를 하기에 앞서, 먼저 다음 질문부터 대답해보라.

"과연 당신이 아이에게 잔소리를 하는 근본 목적이 무엇인가?"

대략 세 가지 대답을 떠올릴 수 있겠다.

첫째. "아이의 잘못된 행동을 고치기 위해서!"
둘째. "아이가 부모 말을 잘 듣도록 만들기 위해서!"
셋째. "부모가 일일이 신경 쓰지 않아도 아이가 자발적으로 자신의 일을 해결할 수 있도록 만들기 위해서!"

위 세 가지 중 부모들이 궁극적으로 원하는, 내 아이의 최종적인 모습은 과연 무엇일까? 아마도 대부분의 부모들의 대답은 세 번째 항목에 쏠리지 않을까? 그렇다면 세 번째 목적을 달성하기 위해 우리가 아이 교육에서 특히 더 관심을 가져야 할 대목은 과연 무엇인가? 이에 대한 해답을 제시하는 글이 있어 소개해본다.

  '이 땅의 교육 시스템을 바로 잡기 위한 첫 걸음은 바로 아이들이 생각의 힘을 사용할 수 있도록 스스로 생각하는 힘을 키우는 교육을 하는 것이다. 스스로 생각하는 사람만큼 강한 존재는 없다. '생각'이야말로 내 마음대로 지배할 수 있고 의지할 수 있는 유일한 힘이다. 모든 문제와 갈등의 해결책이 자신에게 달려있음을 자각한다면, 어떤 문제에 직면하더라도 방황하지 않고 마음의 힘을 믿고 해결해나갈 수 있다'

  정현지 작가의 책,《학교에 배움이 있습니까》에 나오는 글이다.

  하지만 안타깝게도 부모의 잔소리만큼 아이의 생각하는 힘을 무력화시키는 말도 없다. 게다가 이 말을 듣고 자란 아이는 부모 눈치만 슬슬 살피면서 자신감마저 줄어든다. 대신 늘 부정적이고 수동적인 태도를 내비칠 가능성이 높다.
  세상에 자녀 교육과 관련된 법칙이나 이론들이 난무하지만, 그 무엇도 아이를 직접 키우는 부모의 답답한 심정을 해소시키기엔 역

부족이다. 그렇기에 부모들이 쉽게 의존하게 된 말이 잔소리가 아닐까? 이런 악순환에서 당장 벗어나야 한다. 솔직히 잔소리는 아이의 행동 교정 효과가 전무(全無)한 말에 불과하다. 게다가 아이들이 세상에서 제일 듣기 싫어하는 말이기도 하다. 그런데도 여전히 잔소리를 맹신하는 부모들에게 전해 줄 말이 있다.

"행복한 인생을 꿈꾼다면 화부터 다스려라"고 강조한 틱낫한 스님의 말씀을 차용해, "당신과 당신 아이의 행복한 인생을 꿈꾼다면 당신의 잔소리부터 다스려라"라는 말로 대신하고 싶다.

평소 당신이 아이에게 하는 말 중에 "~ 해!", "~ 안 해!", "~ 말아!", "당장 ~"의 표현들이 집중적으로 쓰이고 있다면, 이미 당신도 잔소리 대장에 합류했음을 방증한다. 이 말인즉슨 지금 당신이 습관적으로 쓰는 말이 아이와의 불통(不通)과 불화(不和)의 핵심 원인으로 작용하고 있다는 뜻이다!

"아이에게 비평보다는 몸소 실천해 보이는 모범이 필요하다"
- 조제프 주베르

1-3. 아이는 나의 분신?

'분신(分身)'이라는 단어를 사전에서 찾아보면, '하나의 주체에서 갈려져 나온 것'으로 정의한다. 쉽게 말해, '나'라는 주체에서 분리된 또 하나의 '나의 아바타(Avartar)'로 풀이된다.

다른 나라 부모들과 달리 유독 한국 부모들이 '아이는 나의 분신!'으로 여기는 경향이 있다. 이런 생각이 공고해지면서 아이에 대한 집착과 소유욕으로 표출된다. 때문에 아이가 조금이라도 실수나 잘못을 하면 말로 윽박지르기 일쑤다.

이런 입장을 견지하는 부모들에게 내가 해줄 말은 이렇다.

"아이는 부모의 소유물이 아니다. 아이는 오로지 자신이 원하는 인생을 살아가기 위해 태어난 것이지, 부모 말을 따르고 복종하기 위해 태어난 게 아니다. 따라서 부모의 역할이란 아이가 스스로의 인생길을 개척하고 주도적으로 살아갈 수 있도록 그 옆에서 칭찬하고 격려하는 걸로 족해야 한다!"

그 어떤 부모라도 자식 인생을 대신해 살아갈 수 없다. 그렇기에 아이 일은 아이에게 전적으로 맡기는 게 좋다. 이것이 부모가 지켜야 할 '본분(本分)'이다. 그런데도 부모가 아이 일에 자꾸만 개입하면 어떤 일이 벌어질까? 종국에는 아이 역시도 자신이 직접 해야 할 일임에도 불구하고 손을 완전히 놓게 된다. 대신 '(부모가) 그 일을 알아서 해주겠지!'라는 기대감에 안주해 버린다. 이럴 경우 아이는 부모에게 크나큰 인생의 짐이 되고 만다.

우리나라 부모들의 가장 큰 문제점 중의 하나가 '부모'라는 역할에 대한 책임감이 지나치다는 점이다. 물론 부모라면 자식 일에 일정 정도 책임감을 가져야 한다. 하지만 이조차도 '정도껏!'이라는 단서 조건이 붙는다. 세상 모든 일이 그렇듯, 정도가 지나치면 문제가 커지기에 적정 수준이 딱 좋다.

한편 '아이는 나의 분신'으로 여기는 부모 마음 한쪽에는 소위 '본전(本錢) 생각'이 굳게 자리 잡고 있다. 다시 말해 '내 아이와 직접 연관된 일에서만큼은 적어도 부모인 내가 손해를 봐선 안 된다'는 생각이다. 이유가 뭘까?

부모 입장에서 보면, 아이 한 명 한 명을 키우는 일이 막대한 에너지와 열정, 경제력이 동원되는 일이다. 부모가 그렇게 힘과 열과 돈을 퍼부은 만큼 아이 역시도 부모의 기대에 맞춰 살아야 한다는 욕심이 자연스레 생겨난다. 쉽게 말해 '내가 너에게 이만큼 해주었는데, 너도 나를 위해 이 정도는 해줘야 한다!'는 생각이다. 하지만 이런 생각에 반기를 드는 민족의 부모들이 있다.

세계적으로 **훌륭**한 **교육** 철학을 견지하는 민족의 부모들로 칭송받는 유대인 부모!

과연 그들은 이 문제를 어떻게 생각할까? 이쯤에서 우리나라 부모들이 그들의 교육적 견해를 한 번 짚고 넘어가는 것도 앞으로의 아이 교육의 방향성을 올바르게 잡는 데 큰 도움이 되리라 본다.

결론부터 말하면, 유대인 부모들 가운데 '아이는 나의 분신!'으로 여기는 부모들은 극히 드물다는 사실이다. 그들은 부모 인생과 아이 인생을 엄격하게 분리시켜 생각한다. 때문에 그들 부모가 아이 교육에서 가장 많이 신경 쓰는 부분도 바로 '자립심(自立心)'이다. 즉 아이가 스스로의 힘만으로 세상일을 헤쳐 나가는 능력을 기르는 데 교육의 주안점을 둔다. 일례가 있다.

가령, 유대인 전통식 중에 '바르 미쯔바(bar mitzvah)'로 불리는 집안 행사가 있다. 우리말로 '성인식'이다. 특이하게도 유대인 부모는 아이가 13세가 될 때 성인식을 공식적인 집안 행사로 대대적으로 치른다. 가까운 친지와 이웃, 지인들을 모두 여기에 초대한다. 행사에 초대된 모든 이들은 주인공 아이에게 직접 축의금을 전달하는 데 이때 모이는 돈이 상당하다. 한화 기준 무려 수천만 원에 이른다고 한다. 그러면 이 돈을 어떻게 할까?

바로 아이가 성인이 돼 사회에 진출할 즈음, 자립을 위한 사업자금이나 투자금으로 적극 활용된다고 한다. 유대인 부모들은 아이가 부모에게 의존하는 걸 절대 용납치 않는다. 바로 '아이를 망치는 길'이라고 보기 때문이다. 그래서 아이의 자립심을 키우기 위해 어린 시절부터 돈을 모으는 습관을 길러주는 것이다.

그렇게 모인 돈이 그들의 인생 밑천으로 쓰이는 것이다. 아이 일은 아이가 전적으로 책임지는 게 마땅하다는 게 그들의 교육적 신념이다. 바로 이것이 유대인 부모들이 아이 인생에 간섭하는 말인 잔소리를 하지 않는 핵심 이유다.

부모가 아이에게 잔소리를 습관화시키느냐, 칭찬이나 격려의 말을 습관화시키느냐에 따라서 아이의 자립심 형성 여부가 달라진다. 잔소리는 아이의 약점이나 못하는 점을 꼬집는 말에 불과하기에, 그들 기를 죽여 자립심을 약화시킨다. 반면 칭찬이나 격려는 아이를 믿고 장점을 키워주는 말이므로, 그들 기를 살려 자립심을 강화시킨다. 마찬가지로 우리나라 부모들이 아이 교육에서 우선순위로 삼아야 할 대목도 바로 '자립심'이다. 이를 위해 부모 입에서 자연스럽게 습관화되어야 할 말은 '잔소리'와 같은 부정어(否定語)가 아니라 '칭찬'이나 '격려'와 같은 긍정어(肯定語)다.

부모가 아이에게 잔소리를 습관화시킨 저변에는 부모가 집착하는 아이와의 관계 구도에서 큰 영향을 받는다. 다시 말해 부모 시각에서 아이와의 관계 구도를 '수직적'으로 인식하고 있는 탓이다. 즉 부모가 상위(上位)에 있고 아이를 하위(下位)에 두고 있다. 이게 문제다!

이럴 경우 부모는 늘 명령하거나 지시하는 존재가 돼 버리고, 아이는 부모 말을 따르고 복종하는 존재가 돼버리고 만다. 그렇다면 부모와 아이의 관계 구도가 어떻게 될 때 서로의 소통과 친밀감 형성에도 큰 도움이 될까?

바로 '수평'이 될 때다. 곧 부모가 아이 인격을 존중해주면서 대등한 인생 파트너로 생각하는 태도를 목표로 삼아야 한다. 이로써 아이 자립심 강화의 기초가 되는 자존감과 자신감이 제대로 형성된다. 이런 사실에도 불구하고 여전히 잔소리 습관을 고치기 어렵다고 호소하는 부모들에게 전해줄 책의 내용이 있다.

"아이를 품에 처음 안는 순간, 이 아이를 잘 키우기 위해 앞으로 어떻게 말하고 행동할지 온갖 걱정이 앞서기 시작했다. 아이를 키우는 것은 그야말로 막중한 책무다. 부모가 아이에게 하는 말과 행동은 아이만이 아니라 아이가 만나는 모든 사람에게 평생토록 영향을 미칠 수도 있다"(출처: 제리 와이코프, 바버라 유넬 공저,《소리치지

않고 때리지 않고 아이를 변화시키는 훈육법》)

존. F 케네디 미국 전 대통령의 어머니로 유명한 로즈 케네디 여사가 한 말이다. 글이 강조하듯 부모가 평소 아이에게 건네는 말 한마디 한마디가 그는 물론이요, 장차 그가 만날 모든 사람들에게도 적지 않은 영향을 끼친다는 사실을 늘 염두에 두라. 그래야만 부모도 잔소리 습관을 고쳐야겠다는 사명감이 생긴다. 아울러 '아이는 나의 분신!'으로 여기며 그들을 함부로 대하는 마음도 곧 사라지지 않을까?

'아이는 부모 인생과 다른, 자신만의 인생길을 개척하기 위해 이곳에 태어났다. 부모의 역할이란 그들이 그 길을 주도적으로 걸어갈 수 있도록 힘이 되는 말을 아끼지 않는 역할로 족해야 한다!'

이런 부모의 인식 전환이 제대로 될 때 '아이는 나의 분신!'이라고 여기는 부모의 왜곡된 생각에 종지부를 찍을 수 있다. 게다가 부모와 아이가 하는 대화 자리도 불통과 불화의 현장에서 소통과 화합의 현장으로 탈바꿈될 수 있다.

"어린이를 내 아들놈, 내 딸년이라고 하면서 자기 물건으로 알지 말고, 자기보다 한결 더 새로운 시대의 새 인물인 것을 알아야 한다"
- 방정환

033

1-4. 지긋지긋한 공부 잔소리

2019년 한국방정환재단과 연세대 사회발전연구소가 공동 조사한 바에 따르면, 우리나라 10대 이하 아이들의 '주관적 행복지수'가 88.51점을 기록했다고 한다. 이 수치는 2018년 점수(94.7점)보다 6점 가량 낮아진 것으로써 OECD(경제협력개발기구) 22개 회원국 중에 20위를 차지했다. 다시 말해 OECD 국가들 가운데 한국의 10대 이하 아이들이 느끼는 인생의 불행감이 선두를 달리고 있다는 의미다. 국가적 차원에서도 매우 불명예스러운 일이 아닐 수 없다!

더욱 심각한 문제는 이런 현상이 최근 몇 년간에 걸쳐 진행된 일이 아니라는 사실이다. 두 기관의 공동 조사가 맨 처음 이루어진 2006년 이후 연속해서 비슷한 결과를 보이고 있다. 그렇다면 왜 유독 우리나라 아이들이 이토록 자기 자신의 인생이 불행하다고 느끼고 있을까? 나는 이 문제의 중심에 한국 부모들의 과도한 공부 잔소리도 한 몫을 하고 있다고 본다! 이를 고치지 않으면 아이들의 행복도 볼모로 잡힐 수밖에 없는 노릇이다.

한편 한국 부모들의 공부 잔소리가 다른 나라 부모들과 비교해 보더라도, 극심한 이유가 과연 무엇일까? 이를 한마디로 표현하면, 소위 '공부 지상주의'다. 즉 '아이가 공부를 잘해야만 인생의 모든 것을 이룰 수 있다!'는 한국 부모들의 집단적 사고방식을 이른다. 이런 생각이 부모들의 머릿속에 꽉 채워져 있는 이상, 아이들의 '내 인생은 불행하다!'라는 생각은 좀처럼 바뀌긴 힘들 것 같다. 솔직히 부모의 공부 잔소리만큼 아이들에게 지긋지긋한 말도 없다. 그만큼 이 말은 한국 부모들 입에서 가장 많이 남발되고 있는 말이기도 하다.

하지만 공부란 게 그렇다! 당사자가 자발적으로 원해서 할 때 효과가 가장 크다. 그런 공부만이 아이 스스로 신바람이 나서 자기 주도적이 된다. 이와는 반대로 부모의 공부 잔소리만큼 아이의 공부 의욕을 꺾는 말도 없다. 왜 그럴까?

바로 공부 잔소리에 내재된 공부에 대한 압박감과 강제성이 아이를 질리게 만드는 탓이다. 이럴 바에 차라리 아이가 스스로 공부할 마음이 생길 때까지 부모가 입을 '꾹' 다물고 있는 게 훨씬 더 낫지 않을까? 부모의 간섭이나 개입만큼 아이 공부에 역효과를 불러일으키는 것도 없다. 반면 부모의 칭찬이나 격려는 아이의 자기 주도적 공부에 일조한다. 이와 비슷한 교훈을 알리는 일화가 있다.

타이론 보거스!

그는 키가 일반인의 기준으로 볼 때도 왜소한, 160센티에 불과하다. 그런 그가 NBA(미국프로농구) 역사상 가장 두각을 나타낸 선수라고 한다면 과연 믿을 수 있겠는가?

그렇게 작은 키에도 불구하고 덩크 슛을 자유자재로 날릴 만큼

놀라운 기량을 뽐냈다. 혹자는 그가 가진 선천적인 농구 재능을 지목하지만, 이는 전혀 사실이 아니다. 보거스가 훌륭한 선수로 성장할 수 있었던 건 순진히 그 자신의 후천적 노력 + 알파(α)가 있었기 때문이다. 그렇다면 그 알파(α)라는 게 과연 무엇일까?

바로 보거스의 어머니인 엘렌 여사의 말이었다. 그녀는 아들이 키 때문에 큰 스트레스를 받으면서 불평불만을 표출할 때마다 아들의 마음을 적극 공감해주면서 격려와 응원의 말을 아끼지 않았다.

"엄마, 과연 제 키가 더 클 수 있을까요? 이러다가 농구선수가 되지 못하는 건 아닐까요?"

"얘야! 너무 걱정하지 말아라! 그건 전적으로 네 의지와 노력에 달린 문제란다! 그러니 늘 희망을 갖고 지금과 같이 연습과 훈련에 매진한다면 넌 꼭 훌륭한 농구선수가 될 수 있어!"

엄마의 끊임없는 격려와 지지를 통해 보거스는 더 큰 힘을 얻으며 농구에 매진할 수 있었다. 결과적으로 보면, 보거스의 키는 160센티미터에서 '딱' 멈췄다. 하지만 그즈음 그에게 키는 더는 중요한 요소가 아니었다. 왜냐하면 이미 그 자신이 터득한 농구 기량만으로도 경기를 주도적으로 이끌 만큼 입지에 올랐기 때문이다. 마찬가지로 부모의 긍정적이고 낙관적인 말은 아이의 자기 주도적 공부 태도를 키우는 데 큰 도움이 된다. 만약 보거스가 한국의 어느 잔소리 심한 엄마 밑에서 자랐다면 과연 어떻게 되었을까? 십중팔구 자신의 신체적 핸디캡을 곱씹으며 농구를 진작에 포기하지 않았을까?

인간은 공명하는 존재

우리 인간은 익히 공명(共鳴)하는 존재다. 부모의 긍정적이고 낙관적인 말 습관이 아이 안에 좋은 공명을 불러일으킨다. 한창 자라나는 아이에게 부모가 무슨 말로 좋은 공명을 불러일으킬지 늘 고심해봐야 한다. 분명한 사실은 공부 잔소리는 아이 안에 나쁜 공명만 불러일으킨다는 점이다. "공부를 안 하니!" "성적이 늘 이 모양이니!"라는 식으로 부모의 공부 잔소리에 노출된 아이는 스스로의 능력의 한계치를 절감하면서 그나마 갖고 있던 공부 의욕마저 쉽게 꺾이고 만다. 부모가 할 수 있는 좋은 공명의 말에는 칭찬, 격려, 응원, 공감, 지지 등의 표현들이 있다.

"요즘 공부한다고 많이 힘들지! 괜찮아, 네가 최선을 다했다면 그걸로 충분해! 엄마(아빠)는 그런 네 노력을 높이 평가하고 있단다!"

"걱정하지마! 지금과 같이 포기하지 않고 최선을 다한다면 분명 네가 원하는 결과를 얻을 수 있을 거야!"

부모의 입에서 우선적으로 나와야 할 말은 아이의 공부 의욕을 불러일으키고 힘이 되는 말이다. 반대로 그들이 당장 작별을 고해야 할 말은 공부 잔소리다. 이런 나쁜 공명을 유발하는 습관어(習慣語)와 멀어질수록 내 아이의 공부 행복은 가까워진다.

"모든 아이들에게 필요한 것은 작은 도움과 작은 희망, 그리고 그들을 믿어주는 누군가이다"

- 매직 존슨

1-5. 다름이냐 틀림이냐

옛날 한 마을에 벽창호라고 불리는 사내가 살고 있었다. 그는 동네에서 유일한 노총각이었다. 주변에서 처녀를 소개시켜 줘도 단 이틀을 못 갔다. 그가 가진 생각과 행동의 답답함을 견디다 못해 떠난 처녀들이 한, 두 명이 아니었다.

하루는 노스님 한 분이 그의 집을 잠시 들렀다. 날씨도 무지 덥고 갈증이 나, 시원한 물 한 모금이라도 얻어 마시기 위해서였다.

"실례합니다! 잠시 지나가던 길인데 마침 목이 너무 말라 그러하니 시원한 물이 있으면 목을 좀 축일 수 있겠는지요?"

"네, 스님, 잠시만 기다리십시오!"

그 말을 한 뒤 사내는 곧바로 집으로 들어갔다. 하지만 한참을 기다려도 다시 나오지 않았다. 참다못해 스님이 그의 집에 따라 들어갔다. 하지만 사내는 거기에 없었다. 스님은 사내가 도대체 어디로 갔기에 집에도 없고 참 희한하다고 생각했다. 그냥 그대로 떠나자니 영 기분이 찜찜했기에 어쩔 수 없이 스님도 사내가 다시 나타날 때까지 그곳에 기다리기로 작정했다.

반나절의 시간이 흘러 해가 뉘엿뉘엿 서산으로 질 무렵이 돼서야 사내가 다시 나타났다. 저 멀리서 기진맥진한 상태로 무거운 발걸음을 집을 향해 옮겨오고 있는 것이 아닌가? 우선은 사내가 건네준 물로 목을 축인 뒤 스님이 자초지종을 물었다.

"여기서 얼마나 오랜 시간을 기다렸는지 모른다오! 도대체 어딜 그렇게 갔다 왔길래 시간이 이렇게 걸렸는지요?"

사내가 대답했다.

"스님이 시원한 물을 애타게 찾으시길래, 마침 제 집에는 시원한 물이 없었답니다. 때마침 뒷산에 있는 계곡물이 매우 시원하다는 사실이 생각났고, 그것을 떠올 요량으로 그 길로 집을 나서게 되었습니다. 하지만 계곡에서 뜰 때는 시원하던 물이 바가지에 담아 한참을 걸어 내려오니 미지근해지는 게 아닙니까? 할 수 없이 또다시 계곡으로 돌아가 시원한 물을 떴지만 물은 또다시 미지근해졌고 그런 행동을 몇 번씩이나 반복했는지 모릅니다. 나중엔 모든 걸 포기하고 스님께 미지근한 물이라고 갖다 드려야겠다는 생각으로 이렇게 오게 된 것입니다!"

그 말을 듣고 스님은 기가 막혔다! 어떻게 저렇게 융통 머리라곤 하나도 없는 사람이 다 있을까? 갑자기 답답해졌다.

가끔씩 센스 만점의 사람을 만나곤 한다. 남자고 여자고 이런 유형의 사람들과 대화를 나누면, 말을 섞는 묘미가 생긴다. 이들은 대화 상대방의 의중을 감각적으로 잘 읽으면서 대화에 임하기에 좀처럼 자기 아집에 갇히지 않는다. 그 어딜 가도 환영받는 유형이다. 이들의 공통점이 있다.

바로 '유연한 생각'이다. 상대방은 '어'라고 말한 걸 가지고, 그들은 '어'뿐만 아니라 '아'까지 충분히 생각할 만큼 생각이 무척 유연하다. 이들과 정반대의 유형이 바로 위 이야기 속의 사내다. 이런 사람은 늘 자신의 생각에만 갇혀 있기에 다른 걸 생각하지 못한다. 만약 자신이 생각한 대로 일이 풀리지 않으면, 용납하지 못한다. 융통 머리라곤 일체 없는 스타일이다. 이들과 대화를 나누면 마치 벽을 보며 말하는 것처럼 갑자기 마음이 답답해진다.

물론 대부분의 부모는 내 아이가 위의 벽창호가 아닌 센스 만점의 사람이 되기를 원할 것이다. 하지만 이는 부모가 바란다고 그렇게 되는 건 아니다. 평소 부모가 그런 모범의 표상이 돼 주어야 한다. 그러면 아이도 자연스럽게 부모의 뒷모습을 보면서 따라 배울 것이다.

사람은 2진법에 의해 작동하는 컴퓨터가 아니다. 생각과 감정이라는 두 가지 측면에서 볼 경우, 개개인의 사람마다 무수한 생각과 감정의 스펙트럼이 존재한다. 아이의 융통성과 창의성의 발현을 소중하게 여기는 부모라면, 아이에게 고지식함을 조장하는 잔소리부터 줄여야 마땅하다. 즉 부모의 생각과 다른 아이의 생각을 틀렸다고 규정해서는 안 된다. 다름은 다름일 뿐, 틀림이 아니다. 남의 다름이 내게는 틀림이 될 수 없음을 일깨우는 일화가 하나 더 있다.

하루는 모친을 병원에 모시게 되었다. 담당 의사의 진료를 받기 위해 대기하려는 데, 이미 진료실 앞에는 많은 환자들로 북적되고 있었다. 때마침 바로 내 옆에 앉아있던 여성의 핸드폰이 울렸다. 전화를 받자마자 저쪽에서 아이가 울고불고 난리가 났다.

사연인즉 아이 아빠는 이미 회사로 출근해 버렸고 엄마도 지금 병원에 와있기에, 아이 홀로 집에 덩그러니 남아있는 모양이었다. 혼자 집에 있으려니 덜컥 겁이 났기에, 그 상황을 견딜 수 없어 엄마에게 전화를 걸어 화풀이 겸 짜증을 내고 있었다. 통화 내내 아이의 흥분된 목소리는 좀처럼 잦아들지 않았다.

그럼에도 불구하고 그녀는 그에 굴복하지 않고 끝까지 침착함을 잃지 않았다. 무려 1시간 가까이 통화를 이어가면서도 그녀는 아이가 그 상황을 충분히 이해하고 받아들일 수 있을 때까지 차근차근 설명을 이어갔다. '지금 엄마, 아빠가 왜 네 곁을 지켜줄 수 없는지?' 그리고 '이럴 때일수록 네가 어떻게 행동해야 하는지'에 관해 일일이 말로 설명하면서 납득시키기 위해 노력했다.

그런 행동을 옆에서 쭉 지켜보면서 나는 그녀가 대단하게 느껴졌다. 대개의 부모들의 경우, 그런 상황에 처해지면, 화나 짜증을 벌컥 내면서 아이에게 잔소리를 하기 일쑤다. 하지만 그녀는 정반대의 행동을 하고 있었다. 그녀 역시도 매우 유연한 생각의 소유자임을 알 수 있는 대목이다.

부모 생각과 다른 아이 행동을 '틀림'으로 간주할 경우, 부모 입에서 잔소리가 사라지긴 어렵다. 아이의 다름은 틀림이 아니다. 그것을 부모가 상대적으로 인정하고 받아들일 때 아이도 부모의 다름을 인정하고 부모 말에 협조할 것이다. 바로 거기서부터 부모 아이 사이에 새로운 대화방식의 싹이 움틀 수 있다!

"방법을 가르치지 말고 방향을 가리켜라. 가르치면 모범생을 길러 낼 수 있지만 가리키면 모험생을 길러낼 수 있다"

- 데이브 베제스

1-6. 가장 도구적인 부모 자녀 관계의 나라

'우리나라의 부모 자녀 관계에 대한 충격적인 연구조사가 있다. 우리나라가 경제협력개발기구(OECD) 회원국들 가운데 부모 자녀 관계가 가장 '도구적'이라는 것이다. 여기서 '도구적'이라는 의미는 부모가 자녀에게 '돈을 벌어주는 기계'와 같다는 말이다. OECD회원국 가운데 유독 한국에서는 부모의 소득이 낮을수록 나이든 부모를 찾는 자녀들의 발길이 뜸하다고 한다. 다시 말해 부모가 가진 게 많아야 자녀들이 부모를 찾아온다는 얘기다.'

최 효찬 씨의 책《현대 명문가의 자녀교육》에 나오는 내용이다. 이 글을 좀 더 살펴보자.

'왜 유독 우리나라 부모 자녀 관계가 OECD 국가들 가운데 가장 '도구적'이 되었을까?'

물론 그 원인은 복합적일 것이다. 하지만 나는 이 문제의 1차 책임이 우리나라 부모들에게 있다고 본다. 그것은 바로 그들 입에 습관화된 잔소리가 문제의 핵심 원인 중의 하나가 아닐까? 단도직입적으로 말해, 부모의 습관적인 잔소리가 아이 입장에서 들으면 다분히 조건적인 말로 들린다. 여기서 '조건적인 말'이란 무슨 의미일까?

바로 '네(아이)가 내(부모) 말을 듣지 않으면, 내 인정과 허락을 얻을 수 없다!'라는 조건적인 말이다. 그래서 아이 역시도 부모의 그런 태도에 상응해, 부모를 단지 돈을 벌어주는 기계와도 같이 도구적으로 대하고 있는 건 아닐까?

이런 관점에서 보면, 우리나라 부모 자녀 관계는 매우 이해타산적이다. 서로가 서로를 전혀 순수하게 대하지 않는다. 이것이 양자 간의 소통과 친밀감 형성에도 큰 방해가 된다. 하지만 세상에서 가장 순수해야 할 관계는 부모와 자녀 관계다. 이 같은 근본 문제부터 해결되지 않으면, 서로 간의 대화도 늘 겉돌 수밖에 없다.

우리나라 부모와 자녀 관계의 순수함부터 복원되어야 마땅하다! 이를 위해 부모 입장에서도 잔소리 습관을 고치기 위해 노력을 해야만 한다. 즉 아이 말을 경청하면서 그들 입장에 호응하는 공감의 말로 대체되어야 한다.

'자신이 갖고 있는 연장이 망치 하나뿐이라면 제반 문제들을 못처럼 다루기 십상이다'라는 말도 있듯이, 일단 부모 입에 잔소리가 습관화되면, 항상 아이의 일거수일투족을 살피면서 '뭐 잔소리할 게 없나?' 라는 심정으로 아이의 모든 행동을 삐딱하게 바라보게 된다. 이것이 부모와 자녀 사이의 갈등만 고조시킨다. 무릇 대화란 탁구공이 이쪽에서 저쪽으로 자연스럽게 오가듯, 대화 당사자 간의 말이 쌍방향으로 자유롭게 오가야 한다. 하지만 잔소리는 정반대다. 부모에서 아이에게로 일방적으로 전달되는 간섭적이고 억압적인 말에 불과하다.

아이의 자발성에 불을 지펴라

굳이 부모가 말로 개입하지 않더라도 아이가 스스로의 문제를 알아서 척척 잘 해결해나간다면 얼마나 좋을까? 이는 세상 모든 부모들이 궁극적으로 바라는 내 아이의 최종 모습일 것이다. 이를 위해서도 그들이 우선적으로 갖춰야 할 자질이 있다. 바로 '자발성'이다. 이것의 형성이 얼마나 중요한가를 일깨우는 이론을 제시한 전문가가 있다.

미국의 심리학자 로런스 콜버그 박사는 '도덕성 발달 이론 6단계'를 발표했다. 그에 따르면 인간의 도덕성 발달 단계는 총 6단계로 나뉜다고 한다. 가장 낮은 1단계는 단지 벌을 피하기위해 규칙을 따르는 척하는 행동이 해당되지만, 가장 높은 6단계는 당사자가 생각하기에 그 일이 마땅히 올바르고 정당하므로 자발적으로 하는 행동이 해당된다.

위 이론에 따르면 부모 잔소리를 들은 아이는 과연 몇 단계의 행동을 보일까? 당연히 1단계를 벗어나지 못한다! 왜 그럴까?

바로 아이 입장에서 들으면, 부모 잔소리는 다분히 조건적으로 들린다. 즉 '네가 내 말을 듣지 않는다면 내 인정과 허락을 얻을 수 없다!'는 말이다. 그래서 부모가 보는 앞에선 짐짓 말을 듣는 척 행동하겠지만 부모가 보지 않으면 아이 행동도 곧바로 원위치 되기 마련이다.

이와 같이 아이 행동의 자발성 유무에 따라서 그들 삶의 태도도 크게 달라진다. 결국 아이의 행동 개선을 유도하는 가장 강력한 동기가 곧 '자발성'이다. 이와 비슷한 실험을 한 전문가가 또 있다.

하버드대(大) 심리학과 교수인 로버트 로젠탈 박사와 그의 연구팀이 미(美) 샌프란시스코에 있는 한 초등학교 학생들을 대상으로 실험했다.

전체 학생 중 무작위로 20퍼센트를 선발한 뒤, 그들의 담임선생님에겐 "이 학생은 지능지수가 꽤 높으니 학업성취도 또한 상당할 것이다!"라고 미리 귀띔했다.

8개월 뒤 조사해보니, 앞서 선발된 학생들 대부분이 IQ와 학업성취도에서 뚜렷한 성과를 보였다. 실험 분석 결과, 선발된 학생에 대한 사전정보를 접한 담임선생님의 태도에서 결정적 단서를 찾을 수 있었다. 미리 그 얘기를 들은 담임선생님들의 기대심리가 월등히 높아진 결과였다! 그래서 해당 학생들을 향해 선생님들의 칭찬과 격려가 집중되었고, 학생들도 선생님의 기대심리에 부응하기 위해 학업에 대한 열정과 책임감을 키우는 등 그 자신의 자발성에 불을 지피게 된 것이다. 아이의 자발성을 키우는 데 있어 주변 어른들의 칭찬과 격려가 무엇보다 중요힘을 알리는 실험으로 평가된다.

실험에서 나타나는 현상을 두고 담당 교수의 이름을 따 '로젠탈 효과(Rosenthal Effect)'라고 부른다. '로젠탈 효과'를 간단하게 한 문장으로 표현한 말이 있다. 바로 '칭찬은 고래를 춤추게 한다!'이다.

우리나라 부모 자녀의 관계가 OECD 국가들 가운데 가장 도구적으로 전락해버린 배경에는 부모의 습관적인 잔소리가 한몫하고 있다. 서로 간의 관계의 순수함을 복원시키기 위해선 아이를 향한 잔소리는 지양(止揚)되어야 하는 대신, 격려와 칭찬은 지향(指向)되어야 할 것이다. 잔소리만큼 아이 행동의 자발성이라는 불씨에 찬물을 끼얹는 말도 없다!

"내가 성공을 했다면 오직 천사와 같은 어머니 덕이다"

- 링컨

"자꾸만 잔소리를 해보지만, 제 말은 귓등으로만 듣고 있어 무척 속상해요!"

"우리 아이만큼 부모 말을 안 듣는 아이도 없을 거예요! 정말 답답해요!"

"도대체 무슨 생각을 하는지 알 길이 없네요! 어떻게 부모 말은 저렇게도 안 듣는 거죠?"

흔히 부모들 입에서 자주 흘러나오는 하소연이다. 부모는 애가 타서 잔소리를 해보지만, 아이는 전혀 요지부동(搖之不動)이다. 그런 아이 태도를 보면, 부모의 감정이 더 격화돼 잔소리 목청을 더 높여보지만 이마저도 전혀 소용이 없다.

이런 지경이라면 부모 잔소리는 진작에 바위를 치는 달걀과도 같이 무용지물이 되고 만다. 동화에도 나오듯, 나그네의 외투를 벗긴 건 세찬 바람이 아니라, 따듯한 햇볕이었다. 마찬가지로 아이가 부모 말에 자발적으로 귀 기울이고 협조하게 만드는 건 부모의 공감 어린, 따듯한 말 한마디다. 결코 잔소리가 아니다.

아이가 평소 일어서 처신을 잘하는데 굳이 잔소리를 힐 부모는 이 세상에 없다. 아이가 잘못된 행동을 행하기에 부모가 답답한 심정에서 잔소리를 하게 되는 것이다. 물론 애초에 그들이 잘못된 행동을 하지 않는 게 이상적이다. 하지만 이는 현실적으로 불가능하다. 왜냐하면 아이는 특유의 미성숙함으로 인해 언제 어디서나 잘못된 행동을 하기 마련이기 때문이다.

이제 부모의 최종적인 판단만 남았다. 즉 '아이의 저 문제행동을 결과로 간주할 것인가 아니면 과정 즉 앞으로 더 잘하기 위한, 시행착오(試行錯誤)로 간주할 것인가'라는 문제다. 부모가 아이의 잘못된 행동을 결과로만 판단할 경우, 부모 입에서 잔소리가 멈춰지긴 어렵다. 반면 아이의 잘못된 행동을 과정으로 판단할 경우, 부모 입에선 보다 더 긍정적인 말이 나올 것이다.

그렇다면 답은 이미 나와 있다. 아이의 잘못된 행동을 과정 즉 추후에 더 잘하기 위한 행동으로 간주할 필요가 있다. 이것이 바로 부모와 아이 간의 원활한 소통과 원만한 관계를 회복하는 길이다. 아이의 잘못된 행동을 보고 입이 근질거려도 잠시 참아라! 이때 부모의 감정을 그대로 발산하는 건 현명한 태도가 아니다. 대신 다음과 같은 말을 자신에게 던져보는 것도 상황을 더 유리하게 만드는 훌륭한 대응방법이 된다.

"00가 왜 저런 행동을 하게 되었을까? 무언가 분명히 다른 이유가 있다고 봐! 그에 관해서 좀 더 알아본 뒤 대화를 재개해봐야겠어!"

"아이의 저 행동이 의도적인 건 아닌 것 같아! 도대체 무슨 일이 있었는지 아이 말을 좀 더 들어볼 필요가 있지 않을까?"

"이럴수록 잔소리는 문제를 더 복잡하고 심각하게 만들 뿐이야! 아이가 처한 상황을 좀 더 정확하게 알아볼 때까지 일단 모든 판단을 유보하는 게 나을 것 같아!"

잔소리를 해야만 하는 상황에 처해질수록 부모의 이성적인 대응이 오히려 빛을 발한다. 그 어떤 상황이 닥치더라도 감정적인 부모가 아닌 이성적인 부모가 돼라! 이런 부모의 감정 추스림에 도움이 되는 색다른 방법을 제시한 분이 계시다.

고 차동엽 신부님의 책《천금말씨》를 보면, 이런 내용이 나온다.

"콜링(Calling)'은 아직 생기지 않는 긍정적 감정을 불러낼 때 필요하다. "왜 이렇게 무섭지?"라고 '네이밍(Naming)'을 하여 부정적 에너지가 어느 정도 소멸되었을 때 긍정의 기운을 불러낼 수 있다. "이젠 괜찮아, 난 할 수 있어. I can do it" 이렇게 스스로를 향해 콜링을 해주면 아직 내게 없었던 용기와 결단력이 생겨나게 된다.'

아이의 잘못을 보게 되면 그 어떤 부모라도 평정심이 깨지기 십상이다. 이때 요긴한 방법이 바로 '네이밍(Naming)'과 '콜링(Calling)'이다. 쉽게 설명하면, 아이 행동을 보고선 부정적인 감정이 격화될 때 그것을 먼저 말로 해소시키는 '네이밍'을 한 뒤, 긍정적인 자기 대화로 고친 말이 '콜링'이다. 예를 들면 이런 식이다.

(1) 화가 잔뜩 날 때,
"지금 내 화가 터지기 일보직전이구나!(네이밍) 하지만 이 감정은 내겐 전혀 도움이 안 돼! 이럴수록 좀 더 긍정적으로 생각해 보자고!(콜링)"

(2) 인내력이 소진되는 상황에 처해질 때,
"지금 내 인내력에도 바닥을 드러내고 있구나!(네이밍) 그럼에도 불구하고 시간이 좀 더 지나면, 기분이 곧 나아질 거야!(콜링) 그때 대화를 다시 해보는 건 어떨까?"

이렇게 '네이밍' 하고 '콜링'하면, 부정적 감정에 잔뜩 실려 있던 에너지가 순간적으로 빛을 잃는다. 대신 그 자리에 긍정적인 감정이 들어선다. 그렇다면 이번 꼭지의 앞부분에 나왔던 부모의 하소연은 어떻게 바꿀 수 있을까?

(1) "자꾸만 잔소리를 해보지만 제 말은 귓등으로 듣고 있어 무척 속상해요!"

→ "아이가 내 말을 안 들으니 내 기분도 많이 상하는구나!(네이밍) 하지만 감정 그대로 행동해서는 안 돼! 오히려 내 잔소리 습관이 아이 감정을 상하게 만드는 건 아닐까? 아이가 좀 더 공감할 수 있는 대화를 해봐야겠어!(콜링)"

(2) "우리 아이만큼 부모 말을 안 듣는 아이도 없을 거예요! 정말 답답해요"

→ "아이가 내 말을 듣지 않으니 답답함을 느끼는구나!(네이밍) 아이가 내 말에 귀 기울이면서 동조할 수 있도록 부드럽고 다정다감한 말을 건네 보는 게 더 좋을 것 같아!(콜링)"

(3) "도대체 무슨 생각을 하는 지 알 길이 없어요! 어떻게 부모 말은 저렇게도 안 듣는 거죠?"

→ "00가 내 말을 거부하니깐 기분이 몹시 상하네!(네이밍) 혹시라도 내가 먼저 아이가 받아들이기 힘든 말을 한 건 아닐까? 그렇다면 아이 말을 좀 더 들어본 뒤 판단해봐야겠어!(콜링)"

이렇게 네이밍과 콜링을 제대로 활용할 경우, 아이와도 감정적으로 대치하는 극한상황을 피할 수 있다. 아울러 상호 간에 발생하는 감정적 소모도 대폭 줄일 수 있다.

부모는 핏대를 올리며 잔소리를 해보지만 아이는 전혀 귓등으로 듣는 상황이라면, 부모와 아이 서로가 본격적인 힘겨루기 상태에 접어들었다고 볼 수 있다. 이런 입상의 부모들에게 도움이 되는 말을 하나 더 소개하자면 다음과 같다.

오스트리아 철학자, 마르틴 부버는 이런 말을 했다.

"부모들이여 잊지 말라. 아이와 충돌이 생겨도 건강한 분위기에서 풀면 충돌이 오히려 교육적으로 가치를 갖게 된다"

마찬가지로 아이의 잘못된 행동을 보고 성급하게 잔소리라는 무기를 꺼내기 전에 위 조언을 상기시킬 필요가 있다. 비록 부모가 최악의 상황에 처해있더라도 이성을 잃지 않고 공감의 대화를 끝까지 유지할 경우, 아이와의 갈등상황을 오히려 훌륭한 교육적 기회로 삼을 수 있다.

"남의 잘못에 대해 관대하라. 오늘 저지른 남의 잘못이 어제의 내 잘못이었음을 생각하라. 잘못이 없는 사람은 아무도 없다"

- 셰익스피어

부모에게
잔소리란,

현실과 희망

부모에게
잔소리란,
현실과 희망

2-1. 잔소리의 치명적인 유혹

'잔소리가 습관어(習慣語)가 되면 끊기가 여간 힘든 일이 아니다. 그만큼 잔소리의 중독성이 강하다고 볼 수 있다. 반면 잔소리가 우리에게 주는 유익은 별로 없다. 오히려 해악만 가득하다.'

이를 나는 '잔소리의 치명적인 유혹!'이라고 잔소리의 주요 특징으로 규정한다. 그런데도 부모들이 착각하는 점이 있다.

'잔소리만으로도 내가 의도한 메시지를 아이에게 충분하게 전달할 수 있다!'

과연 그럴까?

사실상, 그 반대다! 잔소리만으로는 부모가 의도한 메시지를 아이에게 단 10퍼센트도 제대로 전달하기 어렵다! 이유가 있다. 잔소리 자체에는 화자(話者) 특유의 화, 짜증, 신경질과 같은 부정적인 감정이 잔뜩 내재돼 있다. 그래서 이 말을 아이가 들으면 아이 역시도 부정적인 감정에 휩쓸리고 만다. 심지어 이것이 발단이 돼 부모에게 맞서거나 위해(危害)를 가하는 경우도 종종 발생한다. 이를 뒷받침하는 실제 사례가 있다.

쉬미 강의 책《멀리 보는 부모의 용기》를 보면, 14세 소년 앨버트 이야기가 나온다.

시도 때도 없이 엄마 잔소리에 시달려온 앨버트! 하루는, 엄마 잔소리를 듣다가 참지 못해, 엄마를 자신의 집 지하실에 무려 일주일 동안 가두는 사건이 발생했다. "왜 그런 행동을 했는가?"라는 수사관의 질문에 앨버트는 다음과 같이 속내를 털어놓았다.

"그냥 엄마에게서 잠시 벗어나고 싶었어요. 그러지 않으면 스트레스가 쌓여서 폭발할 것 같았어요. 엄마는 끊임없이 공부해라. 피아노 연습해라. 잔소리를 해대요. 시키는 대로 해도 엄마는 더 하기를 원하죠. 제가 잘못을 저지른 것은 알지만, 그렇게 하지 않았다면 가출을 하거나 다리에서 뛰어내렸을 거예요!"

시도 때도 없이 이어지는 엄마의 진소리에 앨버드가 얼마나 큰 스트레스를 받았는지 알 수 있는 대목이다. 그렇다면 왜 앨버트 엄마는 아이의 스트레스와 반항심만 조장하는 잔소리밖에 말할 수 없었을까? 조금이라도 아이 심정을 이해하고 공감하는 색다른 대화방식의 필요성을 전혀 못 느꼈는지 궁금하다. 분명히 그에 관해선 별로 생각하지 않았을 가능성이 높다. 아이가 그 지경이 되도록 엄마가 잔소리로만 일관했다는 사실에 무지 답답함을 느낀다. 물론 이는 외국 사례일 뿐이라고 치부하는 이들도 있겠지만 전혀 그렇지 않다! 지금 우리나라는 이보다 훨씬 더 심각한 상황에 빠졌다.

위 사건보다 훨씬 더 나쁜 사건이 또 얼마 전에 벌어졌기 때문이다.

2021년 5월 인천!

인천 논현 경찰서는 초등학교 5학년 남학생 A군을 붙잡아 조사했다. 경찰에 따르면, A군은 "컴퓨터 게임을 그만하라!"는 엄마 잔소리에 격분해, 엄마에게 흉기를 휘둘러 상해를 입힌 혐의다. 엄마는 어깨, 등을 크게 다쳐 인근 병원으로 옮겨져 치료를 받았다.

위 두 사건을 보더라도 아이 인내심을 가장 쉽게 무너뜨리는 말이 부모의 잔소리다. 이와 비슷한 유형의 사건들을 접할 때마다 나는 이런 생각을 해본다.

'기왕지사 잔소리만으로는 아이 행동을 전혀 개선시키지 못할 바에 차라리 부모가 '폭풍 칭찬'이나 '폭풍 인정'의 말로 일관했다면, 과연 그들은 지금 어떻게 변했을까? 적어도 지금보다는 훨씬 더 나은 태도를 보이며, 부모와의 관계도 더 좋아지지 않았을까?'

아이의 일거수일투족을 감시하며 말로 꼬집는 부모의 잔소리가 아이와의 불통(不通)과 불화(不和)의 가장 큰 원인이 된다. 부모가 아이에게 우선적으로 전해야 할 건 잔소리가 아니다. 이보다 더 중요하고 고귀한 것들이 따로 있기 때문이다. 그렇다면 그것은 과연 무엇인가?

부모로서 우리가 아이에게 전해줄 게 무척 많다. 이를 크게 두 가지로 나누면, 정신적인 것과 물질적인 것이다. 이 둘 중 어느 쪽이 더 중요할까? 우선 이 질문에 대해 답을 하기에 앞서 다음 질문부터 숙고해보자.

"모든 인간이 최종적으로 원하는 게 과연 무엇일까?"

당연히 사람마다 대답이 다를 것이다. 그럼에도 불구하고 개 중에서 가장 많이 언급되는 공통분모가 있지 않을까? 그것은 바로 '행복'일 것이다. 물론 행복은 물질적인 것보다는 정신적인 것에 해당된다. 따라서 부모로서 우리가 아이에게 남겨줘야 할 것도 부모의 올바른 정신 유산이다.

예를 들면, '날마다 주어지는 일상에 대한 감사의 태도', '어둠 속에서도 빛과 희망을 찾고자 하는 용기', '역경과 고난에 굴하지 않고 극복하려는 의지력' '자존감' '자신감' '자립심' 등을 거론할 수 있다. 그리고 이 모든 걸 아우르는 말이 있다.

바로 '긍정적인 생각'이다. 즉 세상에 대한 긍정적인 생각, 인생에 대한 긍정적인 생각, 사람에 대한 긍정적인 생각, 일에 대한 긍정적인 생각, 현실에 대한 긍정적인 생각 등으로 적용해 말할 수 있겠다. 긍정적인 생각의 소유자들은 그 어떤 시련이나 고난이 닥쳐도 능히 극복할 수 있는 저력을 갖추고 있다. 왜 그럴까?

이미 그들 안에 있는 긍정적인 생각의 힘이 외부의 부정적인 상황을 극복하고도 남을 만큼 충분하기 때문이다. 이것이 그들 인생을 행복하게 떠받치는 든든한 기초가 된다.

왜 우리는 아이에게 그렇게 잔소리를 할까?

'우리가 아이에게 그렇게 많은 잔소리를 쏟아내는 핵심 이유는 과연 무엇일까?'

내 시각으로는 평소 부모가 하는 생각이 아이 인생의 정답이라고 여기기 때문이다. 그래서 그에 부합하지 않는 아이의 돌출 행동이나 태도를 보면 도저히 용납이 안돼 잔소리를 쏟아내는 것이다. 하지만 이는 바람직하지 않다! 왜 그럴까?

바로 우리 인생에서 정답은 단 한 가지만 있는 게 아니기 때문이다. 개개인이 처한 상황이 다 다르듯 그 상황에 맞는 무수한 정답들이 양산될 수 있다. 마찬가지로 부모가 처한 상황과 아이가 처한 상황이 같을 순 없다. 이 말인즉슨 부모가 생각하는 정답이 아이에겐 오히려 오답이 될 소지가 크다는 뜻이다. 이 사람에게 맞는 정답이 저 사람에겐 틀린 경우가 허다하다. 따라서 세상 부모들이 경계해야 할 사실은 바로 이것이다.

'부모들이 우선적으로 잔소리의 치명적인 유혹에 넘어가서는 안된다는 점이다. 아이와의 원활한 소통과 원만한 관계를 진정 원한다면, 그들이 세상에서 가장 지긋지긋하게 여기는 잔소리부터 멈춰야 마땅하다!'

"모든 문제는 자식 탓이 아니라 내 탓이다. 이 이치를 이해할 때 비로소 자식 문제를 해결하고 진정한 엄마 노릇을 할 수 있다"

— 법륜 스님

2-2. 대한민국에서 부모가 된다는 건

'아이는 부모의 희망이나 기대를 따르기 위해 살아가는 존재가 아니다. 아이는 아이 나름의 인생이 있고 부모도 부모 나름의 인생이 있다. 이 둘은 엄밀하게 구분되어야 한다!

이런 관점에서 보면 부모가 아이를 위한답시고 잔소리를 하는 건 지나친 참견에 불과하다. 다시 말해 그건 아이를 위한다는 핑계로 부모 자신의 욕심을 채우기 위해 아이 인생에 개입하는 모습과 다르지 않다. 그 어떤 사람도 타인의 요구에 맞춰 살아갈 책임이 없다. 오직 그 자신의 자유 의지에 의해 살아갈 뿐이다'

위 내용은 저명한 독일 심리학자 알프레드 아들러 박사의 심리 이론을 주제로 한, 기시미 이치로 박사와 고가 후미타케 박사의 공저 《미움 받을 용기》를 읽고 내가 요약한 소감문이다.

이 글을 평소 아이에 대한 기대감을 키우며 잔소리를 습관화시킨 우리나라 부모들에게 우선적으로 전하고 싶다. 하지만 세상에서 자녀교육열이 가장 뜨거운 곳 중의 하나가 대한민국이라는 사실을 고려하면, 우리나라 부모들이 위 조언대로 따를 지는 의문이다.

겨우 말을 하기 시작하는 어린 아이부터 공부 경쟁의 도가니 속으로 밀어 넣는 부모들이 있는 한, 한국은 부모와 자식 모두가 불행한 나라가 될 수밖에 없다. 특히나 장기적인 경기 침체로 인해 청년 실업 문제가 점점 더 심각해지고 있음에도 불구하고 아이 밑으로 쏟아 붓는 사교육비는 오히려 급증세를 보이는 모순된 현실을 고려하면, 우리나라 부모들이 감수해야 할 경제적, 물리적, 심리적 부담감도 이미 최고조에 이른다.

부모 세대와 자식 세대가 불행한 나라는 미래와 희망이 없다

부모 세대와 자식 세대 모두 행복하게 살아가도록 하는 게, 한 국가의 정책 목표가 되어야 마땅하다. 마찬가지로 우리나라 부모 세대와 자식 세대 모두가 행복한 인생을 영위하기 위해선, 그들이 동시에 직면한 현안들부터 해소되어야 한다. 이를 크게 네 가지로 나눠 설명하면, 다음과 같다.

첫째. 지금 우리나라 부모들이 가장 힘들어하는 문제 중의 하나가 아이와의 '소통문제'다. 부모 자식 간에 대화가 안 통하는 것만큼이나 답답한 일도 없다. 달리 말해, 상호 간의 소통이 원활한 대화법이 아직까지도 부재(不在)하다는 의미다. 게다가 그것을 촉발시키는 중심에 부모의 잔소리습관이 있다. 잔소리 말고, 이보다 더 소통이 잘 되는 대화법 마련에 우리 국가 차원에서 부모들과 협조해 적극적으로 강구해야 할 것이다.

둘째. 사교육에 대한 집착이다.

2020년 3월 통계청이 발표한 자료에 의하면, 우리나라 초중고생의 사교육비 규모기 2019년 악 21조 원에 이른 것으로 나온다. 이는 2018년 19조 5천억 원보다 7.8 퍼센트 증가된 수치다. 이례적인 건, 이 수치가 저출산으로 인해 학령인구가 전년에 비해 크게 줄어들었음에도 불구하고 오히려 더 늘어났다는 사실이다. 이 역시도 우리나라 부모들의 뜨거운 교육열을 반영한다. 다시 말해, 공부 지상주의에 깊이 빠진 우리나라 부모들의 자녀 사교육에 대한 과도한 집착이 불러온 모순된 결과가 아닐 수 없다.

대한민국 전반적인 교육의 획기적인 변화가 필요한 시점이다. 아이 교육의 최종 목표가 좋은 직업(직장)에 있다면, 굳이 공부가 아니더라도 아이들에게 좀 더 효율적인 방법이 있을 수 있다.

가령, 그들이 학교 공부에서 벗어나 그 자신의 흥미와 적성에 맞는 분야를 일찍이 모색해 나가도록 하는게 오히려 더 바람직하지 않을까? 공부에서만 조기교육이 이루어질 것이 아니라 직업탐구에서도 조기 교육이 필요하다. 이를 위해 우리나라 교육 시스템의 대대적인 손질이 요구된다.

셋째. 우리나라 아이들에게 순수 학문탐구가 제공하는 기쁨과 즐거움의 가치를 일깨워줄 필요가 있다. 천편일률적으로 성공과 출세의 수단으로서의 공부가 아니라 학문 자체에 깊은 뜻을 두고 탐구하도록 하는 자율적인 연구문화가 활성화될 필요가 있다. 이런 환경이 조성될 때, 대한민국에서도 노벨상 수상자들이 대거 탄생하는 값진 결실을 얻을 수 있다.

넷째. '한국형 국민행복지수'를 도입하라.

앞서도 봤듯이 우리나라 10대 이하 아이들의 상당수가 자기 자신의 인생이 불행하다고 여긴다. 뿐만 아니라 우리나라 60세 이상 노인층의 상당수도 자신의 인생이 불행하다고 느낀다는 사실이 추가적인 조사에서 밝혀졌다.

이를 종합해보면, 우리나라 전체 세대 중 절반 이상이 현재 자신의 인생이 불행하다고 느낀다. 그에 반해, 세계적으로도 빈국(貧國)에 속하는 부탄 왕국의 경우, 1972년부터 국민행복지수(GNH, Gross National Happiness)를 도입해 국가정책에 적극 반영해 왔다. 그 결과 지금 이 나라의 국민 행복지수는 어떨까?

바로 아시아 1위, 세계 8위를 기록한다. 국민의 행복은 전혀 고려치 않고 국가 경제 발전에만 초점을 맞춘 국내총생산(GDP)의 한계점을 극복하기 위해 그들이 마련한 자구책이다. 참고적으로 부탄 왕국이 도입한 4가지 국가정책들이 있는 데, 다음과 같다.

1. 평등하고 지속적인 사회경제발전
2. 전통가치의 보존 및 발전

3. 자연환경의 보존

4. 올바른 통치구조

이에 반해 우리나라는 아직도 국민의 행복에 대해선 무관심하기 짝이 없다. 우리 국가 실정과 국민 정서에 맞는 소위 '한국형 국민행복지수'의 도입을 서둘러야 할 때다. 이를 위해 정부와 사회, 국민들이 거국적인 논의를 거쳐, 우리나라 실정에 맞는 국민행복지수의 개발과 정착에 집중해야 할 것이다. 이런 노력들이 제대로 될 때, 우리나라 국민 전체의 행복지수도 동시에 올라갈 수 있다.

대한민국에서 부모가 된다는 게, 마냥 괴롭고 힘든 일이 아니라 행복하고 보람된 일이 되기 위해선, 국가 차원에서 부모들과 협조해 위 네 가지 현안들부터 확실하게 해소할 수 있어야 한다. 그래야만 한국도 부모 세대와 자식 세대 모두가 행복하게 살아가는 진정한 행복 국가로 거듭날 수 있다.

"젊은이를 존중하라. 그들의 미래가 우리의 현재와 같지 않을지 어찌 아는가?"

- 공자

2-3. 20년 사랑채 손님

우리 한옥은 일정 크기가 되면 사랑채를 따로 두었다. 이곳의 주요 용도가 있다. 주로 바깥주인이 기거하면서 손님을 접대하는 장소다. 먼 길을 떠나서 나를 찾아온 귀한 손님을 허투루 대접하는 건 사람이 할 도리가 아니라고 우리네 선조들이 생각했기에, 집을 지으면 꼭 이곳을 갖췄다.

그렇다면 만약 내 집 사랑채에 약 20년 동안 머문 뒤, 다시 먼 길을 떠나야 할 손님이 묵고 있다면, 과연 당신은 그를 어떻게 대할 것인가?

그럼에도 불구하고 손님에 대한 최소한의 예의를 지키며 그가 섭섭지 않도록 하기 위해 나름 최선을 다할 거라고 본다. 이때 '손님'을 '내 아이'로 간주할 필요가 있다. 아이는 비록 내 몸과 핏줄을 빌려 이 세상에 왔지만 그들도 때가 되면 스스로의 인생길이라는 먼 길을 나서야 한다. 이런 사실을 고려하면 아이는 세상 밖에서 홀로서기를 할 수 있을 때까지 한시적으로 부모 곁에 묵고 있는 부모의 인생 손님이다.

부모와 자식 간의 인연이란 매우 특별하다. 신(神)의 점지가 없이는 맺어질 수가 없다고 말할 정도다. 그런 소중한 인연을 부모가 잔소리로 망쳐선 안 된다. 아이 입장을 좀 더 존중해주면서 사랑으로 보듬어야 한다. 그러나 현실을 보면 그렇지 않은 부모들이 태반이다. 마치 그들은 아이가 평생토록 자기 곁에 머물 것처럼 '막' 대한다. 때문에 그들 입에서 진소리가 마를 날이 없다.

대표적인 예가 우리나라 부모들이다. "내 아이", "내 핏줄"이라는 말만 나와도 어김없이 '열혈적(熱血的)'으로 돌변해버리는 게 그들이다. 그 때문일까? 다른 나라 부모들과 비교해 봐도, 우리나라 부모들이 아이 일에 지나치게 간섭하면서 잔소리가 심한 편이다.

부모 아이 간에도 건강한 거리두기가 필요하다

내가 아이를 부모의 인생 손님으로 비유하게 된 또 다른 이유가 있다. 일단 '손님'이라고 하면 무슨 생각이 드는가?

평소 자주 보는 사이가 아니기에 약간의 거리감이 느껴져 함부로 대할 수 없는 관계라는 생각이 들 것이다. 마찬가지로 부모 역시도 아이가 커감에 따라 그들의 존재가치를 상대적으로 인정해주어야 한다. 그를 위해 서로의 관계적 거리를 조절하는 것도 꼭 필요하다. 왜 그럴까?

보통 아이가 성인이 되면, 부모로부터 본격적으로 독립할 준비를 한다. 이를 위해 부모가 의도적으로 아이와의 관계적 거리 두기를 행함으로써 그들이 스스로의 삶의 영역을 구축해나갈 수 있도록 길을 터주는 게 좋다. 이는 마치 어미 독수리가 새끼 독수리의 독립을 위해 천 길 낭떠러지 밑으로 일부러 밀어내는 것과 같은 이치다. 그런 고통의 시간이 없이는 새끼 독수리는 어미로부터 독립해 혼자서 살아가기가 힘들다. 거친 자연환경을 극복하는 힘은 곧 새끼의 자립심이 제대로 형성되어야만 가능한 일이다.

물론 아이 나이가 어린 시기엔 부모와의 애착(愛着) 관계의 형성이 더없이 중요하기에 서로 간의 관계적 거리도 제일 가까워질 수밖에 없다. 하지만 그 시기가 지나고 나면 아이의 자립심 강화를 위해 부모로부터의 정신적 독립과정이 반드시 수반되어야 한다. 이것이 또 왜 필요할까?

부모 아이의 건강한 관계는 서로의 관계적 거리 두기가 제대로 지켜질 때 실현될 수 있기 때문이다. 그만큼 인간은 자신만의 삶의 영역이 제대로 구축될 때 정신적으로도 건강한 삶을 누릴 수 있다.

아이를 먼저 존중할 때 아이도 부모를 존중한다

살아가다 보면 아무런 이유 없이 나를 무시하거나 깔보는 이들을 간혹 만난다. "왜 저런 행동을 할까?"라는 생각에 따지고 싶은 마음이 굴뚝같지만 달리 생각해 보면 그들에 대한 안타까움을 지울 수가 없다. 왜냐하면 대개의 경우, 이런 부류의 이들은 그동안 자신의 행동을 성찰할 기회를 제대로 가져보지 못했기 때문에, 그 자신의 무지(無知)에 의해 타인을 함부로 대하는 것이다. 그 어딜 가더라도 환영받지 못하는 사람들이다.

마찬가지로 부모가 시도 때도 없이 아이 일에 지나치게 간섭하며 잔소리하는 건 아이 입장을 완전히 무시하는 처사다. 이 역시도 아이와의 건강한 거리 두기에 실패한 경우다. 정작 문제는 그다음부터다. 부모로부터 무시를 받는 아이는 그와 똑같이 부모를 무시한다. 반대로 부모로부터 존중을 받는 아이는 그와 똑같이 부모를 존중한다. 여기서도 상호성의 법칙이 작용한다. 이런 사실을 종합해보면 왜 우리가 잔소리를 그만둬야 할지 그 이유를 명확하게 알 수 있다.

한편 잔소리습관을 버리지 못하고 그것을 고집하는 부모들의 머릿속을 장악하고 있는 생각이 하나 더 있다. 바로 '아이는 아직은 어리고 세상 경험이 부족하기에 부모의 개입이 꼭 필요하다!'

과연 그럴까? 당연히 아니다!

무릇 현명한 부모라면 아이의 미숙함을 탓하기 전에, 그들의 자립심을 심어주는 데 우선순위를 둘 것이다. 그들은 부모가 언제까지 아이 일을 대신해 줄 수 없음을 너무나 잘 알고 있기 때문에 아이 일은 아이에게 전적으로 맡기는 걸 당연시 할 것이다. 따라서 그들이 아이를 보는 관점도 잔소리 부모의 그것과는 확실하게 차이가 난다.

'아이는 내 집 사랑채에 머물고 있는 내 인생 손님이다!'

"사랑은 가장 가까운 사람, 가족을 돌보는 것에서부터 시작된다"

- 마더 테레사

2-4. 내 아이와 소통이 잘 되는 대화의 조건

'지옥의 모든 악마들이 발명한 사랑을 파괴하는 모든 끔찍한 장치들 중에서도 잔소리가 가장 치명적인 장치이다. 잔소리는 실패하는 법이 없다. 킹코브라의 독처럼 그것은 항상 사랑을 파괴하고 죽여 버린다.'

자기 계발의 구루, 데일 카네기가 쓴《인간관계론》에 나오는 글이다.

이 글을 읽고 한편으론 섬뜩한 기분이 들었다. 부모들이 무심코 습관화시킨 잔소리가 우리 인간에게 가장 소중한 감정인 '사랑을 파괴하기 위해 지옥의 모든 악마들이 발명한 가장 치명적인 장치이다'라는 표현에 적잖게 당황했다.

그렇다면 왜 부모들은 속수무책으로 잔소리를 습관화시킬 수밖에 없을까? 아이가 세상에서 제일 싫어하는 말이 이 말이라는 걸 잘 알면서도 부모가 그대로 습관화시킨다는 건, 상호 간의 소통 불발이라는 대화의 결과도 순순히 수용하겠다는 의도로밖에 이해되지 않는다. 이와는 반대로 아이들과 소통이 잘 되는, 즉 아이들이 선호하는 대화법의 조건은 과연 무엇일까? 이에 대한 실마리를 제공한 전문가가 있다.

미국의 임상심리학자인 리사 다머 박사!

그녀가 <뉴욕타임즈>에 기고한 칼럼을 보면, 10대 청소년들이 부모에게 바라는 4가지 대화 태도를 다음과 같이 제시한다.

첫째, 경청(傾聽)이다.

말 그대로 아이가 하는 말에 귀 기울이는 행위다. 대화 중에 아이가 하는 말만 잘 들어도 그들의 생각과 감정 상태를 충분히 이해하고 수용할 수 있다. 이런 태도가 부족하기 때문에 부모가 스스로의 생각과 감정에만 갇혀, 잔소리를 쉴 새 없이 하는 것이다. '경청은 우리 인간이 영혼의 귀로 듣는 행위!'라고 추켜세우는 이들이 있을 만큼, 청자가 화자에게 취할 수 있는 최고의 대화 매너다. 부모의 경청은 아이와의 소통에 크나큰 도움이 된다.

둘째. 공감(共感)이다.

아이가 가진 생각과 감정 상태에 부모가 똑같이 호응하는 걸 뜻한다. 설령, 아이가 잘못된 행동을 할지라도 그 행동에 집중하기보다는 그가 가진 생각과 감정에 맞장구치는 태도가 공감이다. 이렇게 부모가 공감의 말을 표현하면 아이도 그에 호응해 부모의 생각과 감정에 공감하게 된다. 이때 공감이 서로의 소통으로 이어진다.

셋째. 지지와 격려다.

아이가 잘못된 행동을 보일수록 부모는 보다 더 신중해질 필요가 있다. 아이 역시도 자신의 잘못을 잘 알고 있기에 이때 하는 잔소리는 역효과만 불러일으킨다. 즉 부모에 대한 반항심을 키우는 것은 물론, 스스로의 잘못된 행동도 더 공고히 할 여지가 높다. 반대로 아이의 잘못된 행동을 보면서도 부모가 지지와 격려의 말을 아끼지 않는다면, 아이 역시도 스스로의 행동을 되짚어보면서 부모 말에 귀기울일 것이다. 이때 부모의 지지와 격려의 말이 소통의 마중물이 된다.

넷째. 함께 아이디어를 모색하라.

아이의 잘못된 행동으로 인해 문제가 발생할 때, 해결책을 아이와 함께 논의하고 강구해 나가는 것을 뜻한다. 물론 잘못된 행동에 대한 최종 책임은 아이가 져야 마땅하다. 그렇다 하더라도 그것을 무턱대고 아이 탓으로 떠넘겨선 안 된다. 이럴수록 부모의 지혜로운 대처는 아이의 성장과 발전의 견인력이 된다. 아울러 서로의 소통에도 적지 않은 도움이 된다.

위 네 가지 태도를 견지할 때 10대 자녀와의 대화가 원활해질 수 있다고 박사는 강조한다!

물론 위 사항들은 단지 10대 자녀를 둔 부모들에게만 국한되는 얘기는 아니라고 본다. 그 이외의 연령층의 자녀를 둔 부모들 역시도 유념해야 할 사항들이다. 부모와 아이 사이에 소통이 잘 되기 위해선 부모가 선호하는 대화방식이 아닌 아이가 선호하는 대화방식으로 눈높이를 맞춰야 한다. 당장에 아이의 잘잘못을 따지기 전에 부모 스스로 습관화한 대화방식이 적절한지 되짚어볼 필요가 있다.

간혹 부모들 가운데 잔소리를 아이에 대한 관심 혹은 애정의 발로라고 주장하는 이들이 있다. 이에 관해서 과연 아이들도 동의할까? 솔직히 부모의 그런 생각에 동의해줄 아이는 거의 없다고 본다. 대신 부모가 잔소리를 수단으로 해 자신의 행동을 지나치게 옥죄고 있다고 볼멘소리를 하지 않을까? 이런 상호 간의 입장 차이를 좁히기 위해선 부모 시각에서 아이가 선호하는 대화방식이 무언가를 충분히 이해하고 받아들일 필요가 있다. 즉 위에서 제시한 4가지 대화 조건들을 늘 명심해 아이와의 대화에 적극 적용해보라.

'지옥의 모든 악마들이 발명한 사랑을 파괴하는 모든 끔찍한 장치들 중에서도 잔소리가 가장 치명적인 장치이다' 라는 사실을 유념하라! 이와는 반대로 우리 인간의 최고 감정인 사랑이 아이에게 제대로 전달됨으로써 서로 간의 소통에도 도움이 되는, 소위 천사가 마련해준 선물과도 같은 대화법은 과연 무엇이 있을까? 그에 관해서 이제 우리 부모들이 적극적으로 찾아 나서야 할 때다.

"우리 아이들에게 줄 수 있는 가장 큰 선물은 우리가 가진 귀중한 것을 아이들과 함께 나누는 것뿐만 아니라, 자기들이 얼마나 값진 것을 가지고 있는지 스스로 알게 해주는 것이다" - 스와힐리 격언

　중학교 3학년 때 같은 반에 정우라는 아이가 있었다.
공부도 곧잘 했고 행동도 늘 모범적인 학생이었다. 하지만 그런 반
듯한 이미지와는 달리, 그는 어딘가 모르게 늘 주눅이 들어 있었다.
이유가 있었다.

　당시 정우 어머니가 소위 치맛바람이 거센 분이셨다. 전 학년 학
부형 대표자리를 정우 중학교 3년 내내 도맡아 할 정도로 정우 학교
생활에 대한 관심이 매우 컸다. 이것이 정우 교내생활에 대한 참견
으로 이어졌다. "엄마가 학교에 떴다(?)"라는 말만 들어도 정우는 안
절부절 못했다. 혹시라도 아이가 공부를 등한시하거나 노는 모습이
보이기라도 하면, 엄마는 정우를 불러놓고선 잔소리를 늘어놓기 일
쑤였다. 그런 엄마의 강한 기세에 눌려 정우는 늘 엄마 눈치를 보기
에 바빴고 기가 죽어있었다.

　결국, 그가 그렇게 반듯한 태도를 보인 건 엄마의 잔소리습관이
라는 등쌀에 못 이겨 순응된 결과였다. 기 센 엄마 밑에서 아이가 평
화롭게 지내기 위해선 자신의 생각이나 주장은 접어둔 채, 엄마가
요구하는 대로 행동할 수밖에 없는 노릇이 아닌가?

　정작 문제는 이렇게 사사건건 간섭하는 헬리콥터 부모 밑에서 자
라난 아이의 경우, 성장 과정에서 거쳐야 할 부모와의 정신적 독립

과정을 제대로 거치지 못한다는 점이다. 다시 말해, 부모로부터 정신적 독립을 이룬 인격체로 스스로의 정체성을 제대로 꽃피우지도 못한 채, 부모가 원하는 대로 살아가는 의존적인 존재가 되고 만다. 바로 이것이 아이에게 '학습된 무기력'을 심어준다.

'학습된 무기력'이란 말을 사전에선 '자신이 통제할 수 없는 외부 환경에 지속적으로 노출된 경험으로 인해, 실제론 자신의 능력으로 해결할 수 있음에도 불구하고 자포자기(自暴自棄)하는 것'으로 풀이한다. 이 말이 탄생하게 된 실험을 한 연구 집단이 있다. 바로 '긍정심리학'의 창시자로 잘 알려진 마틴 셀리그만 박사와 그의 연구팀이다.

하루는 박사와 연구팀이 수십 마리의 개를 데려와 세 군데의 우리로 나눴다. 1번 우리는 바닥에 전기가 흐르지만 멈추는 레버가 달려 있었다. 2번 우리는 바닥에 전기가 흐르지만 멈출 수 있는 레버가 없었다. 3번 우리는 바닥에 전기가 흐르지 않는 정상적인 우리였다.

일정 시간을 두고 관찰한 결과, 1번 우리의 개들은 바닥에 전기가 흐르자 그것을 멈추는 레버를 곧장 잡아당겨 전기 흐름을 끊었다. 하지만 2번 우리의 개들은 전기를 멈출 수 있는 방법이 없었기에, 실험 내내 전기가 흐르는 바닥에 엎드려 온몸으로 전기충격을 견뎠다. 3번 우리의 개들은 행동 변화가 전혀 없었다.

그런 다음, 이전보다 더 큰 우리를 하나 가져와 중간에 칸막이를 설치했다. 칸막이 한쪽은 전기가 흐르지만 다른 한쪽은 전기가 흐르지 않았다. 세 곳의 우리에 있던 개들을 모두 그 안에 넣은 뒤 또다시 관찰했다. 그러자 1번과 3번 우리에 있던 개들은 모두 전기가 흐르자, 전기가 흐르지 않는 칸막이 반대쪽으로 피했다. 반면 2번 우리의 개들은 그 전과 마찬가지로 전기가 흐르는 바닥에 엎드려 온몸으로 전기충격을 견디고 있었다.

실험결과, 2번 우리의 개들의 행동을 두고 '학습된 무기력'이라는 용어가 탄생하게 되었다. 자신의 능력을 뛰어넘는 외부 충격을 지속적으로 받으면, 누구라도 그에 대한 저항을 결국은 포기한 채 무기력하게 행동한다는 사실이 증명된 셈이다.

마찬가지로 부모의 지속적인 잔소리는 아이 입장에서 보면, 자기 의지만으로는 도저히 멈출 수 없는 외부 요소에 해당된다. 이것이 아이를 '학습된 무기력' 상태로 내모는 주요 원인이 된다. 특히나 잔소리가 심한 축에 속하는 우리나라 부모들이 위 사실을 꼭 명심해야 한다. 아이가 자력(自力)으로 문제를 해결하는 능력을 키우기 위해선 부모 잔소리와 같은 외부적 요소가 없는 환경이 매우 중요하다.

'학습된 무기력이 왜 그리도 무서울까?'

다름 아닌 인간의 의지와 의욕을 무참히 꺾는 것은 물론, 우리에게 가장 중요한 자질로 손꼽히는 사고력 역시도 무력화시키기 때문이다. 인간의 최고 능력으로 꼽는 게 사고력이라는 사실은 익히 잘 알려져 있다. 문제 상황이 발생했을 때 혼자 힘으로 해결하는 능력이 사고력에서 비롯된다. 한 마디로 '문제해결능력'을 일컫는다. 물론 이 역량은 자연발생적이지 않다. 부모 잔소리와 같은 부정적인 언어 환경이 아닌 부모의 격려, 칭찬과 같은 긍정적인 언어 환경 속에서 가장 잘 발현된다.

간혹 부모들 가운데 아이에게 하는 말의 중요성을 간과하는 이들이 있는데, 당장 고쳐야 한다! 왜냐하면 우리 인간에게 있어 말만큼 중요하고 효과적인 의사 전달수단도 없기 때문이다. 그렇기에 부모 말의 파급효과란 아이에겐 상당한 충격파로 다가온다. 이와 마찬가지로 말의 중요성을 여실히 전하는 모로코 속담이 있다.

'말이 입힌 상처는 칼이 입힌 상처보다 더 깊다!'

특히나 부모가 아이에게 하는 말이라면 더더욱 그러하다. 부모의 잔소리습관은 아이의 의지와 의욕을 무참히 꺾어 버려, '학습된 무기력'을 심어줄 뿐이다. 바로 이것이 부모가 잔소리습관을 당장 끊어야 하는 결정적 이유다.

"자녀 교육의 핵심은 지식을 넓히는 것이 아니라 자존감을 높이는 데 있다"
                                                              - 레오 톨스토이

2-6. 바야흐로 성적이 아닌 적성의 시대다

'좋은 성적이(공부를 잘 해야만) 좋은 학교뿐만 아니라 좋은 직업 (직장)까지도 보장한다!'

대다수의 한국 부모들이 갖고 있는 생각이다. 이 때문에 지금 대한민국은 '공부지상주의 나라'로 전락해 버렸다. 때문에 아이 성적(공부) 결과에 따라서 부모들의 희비가 크게 엇갈린다. 그렇다면 이런 생각이 지금 우리가 맞이하고 있는 4차 산업혁명시대에도 과연 유효한지 한 번 따져보자.

현 세상의 특징을 인공지능(AI)이 인간지능(HI)을 능가하는 시대, 소위 '특이점의 시대'라고들 한다. 최첨단 디지털 기술의 등장 이후, 현대인을 둘러싼 모든 분야가 삽시간에 변했다. 그런 변화의 물결이 얼마나 거센지, '기하급수적(幾何級數的)인 변화'라고 밖에 표현할 수 없을 정도로 그 규모와 속도가 남다르다. 이런 현상을 간략하게 정리한 한 문장이 있다.

'디지털 시대 10년간의 변화 수준이 아날로그 시대 100년간의 변화 수준을 훨씬 더 능가한다!'

이렇게 세상은 단숨에 변화에 변화를 거듭하고 있는데, 한국 부모들은 아직도 아이 성적만을 염두에 둔 학교 공부에만 집착한다. 과연 이것이 4차 산업혁명 시대에 얼마나 부질없는 생각인지를 방증하는 실례들이 있다.

대표적인 예가 바로 몇 년 전에 있었던 세기의 대국, 이 세돌 바둑 9단과 인공지능(AI) 알파고의 대결이었다. 대국 결과 이 세돌 9단이 5전 1승 4패로 알파고에 참패를 기록했다. 이때부터 현대인의 불안감이 서서히 가중되기 시작했다.

'4차 산업혁명 시대에도 과연 우리 인간이 설 자리가 존재할 수 있을까? 아니면 그조차도 완전히 사라지고 마는 건 아닐까?'

이런 우려감은 이미 현실이 돼버렸다! 당장 의학계를 보더라도 인공지능 의사 '왓슨(Watson)'이 수천 명의 숙련된 의사들보다 훨씬 더 정확한 의학지식을 제공하면서 의사들의 판단에 큰 영향을 끼치고 있다.

법조계 역시도 다르지 않다. 인공지능 '로스(Ross)'가 수천 건의 재판 판례를 단숨에 숙지해, 전문 법조인조차도 하기 어려운 법률적 지식과 자문을 정확하게 제공하고 있다.

이런 추세는 그 이외의 분야에서도 한창 진행 중이다. 그 결과 최첨단 기술을 업은 인공 지능 기기들의 등장으로 인해 우리 인간은 점점 더 퇴물로 전락하고 말았다.

때문에 한국 부모들이 아직도 아이 성적만을 염두에 둔 공부를 강조하는 건 시대착오적인 행동이 아닐 수 없다. 인공지능의 학습력이 인간의 학습력을 월등하게 앞서고 있는 지금, 아이의 좋은 직업(직장)만을 의식해 성적을 강조하는 건 다가올 시대에 걸맞지 않는 구태일 따름이다. 다시 말해 아이의 미래 성장과 발전을 가로막는 걸림돌이 될 뿐이다.

앞으로 한국 부모들의 교육적 태도는 어떻게 변해야만 할까?

이제 한국 부모들의 교육적 태도 역시도 시대흐름에 맞게끔 바뀌어야 한다! 어떻게 말인가?

바로 내 아이가 가진 고유의 강점을 적극적으로 찾아서 그것을 키워주는 부모의 교육 환경을 제공하는 데 주안점을 두어야 한다. 아이가 자기 적성에 맞는 분야에 맞춰 직업적 선택을 할 수 있도록 부모의 전폭적인 지지와 정서 환경의 조성이 시급하다. 쉽게 말해, 아이 성적(成績)이 아닌 아이 적성(敵性)에 따른 직업 선택의 기회를 갖도록 적극 권장해야 할 것이다.

가령, 아이가 요리에 관심이 많고 그 일을 더 잘할 것처럼 보이면, 아이에게 공부는 더는 맞는 길이 아니다. 이때 공부 잔소리는 아이

앞날을 가로막는 방해물이 될 뿐이다. 반대로 아이 입장에서도 자기 적성에도 안 맞는 일을 부모가 강요한다며 불평불만만 키울 것이다.

따라서 아이가 요리에 관심이 많고 그것을 더 잘할 것처럼 보인 다면, 그 분야로의 진출을 적극 장려하는 게 부모들이 해야 할 역할 이 아닐까?

본래부터 인간은 그렇다! 자기 적성에 맞는 분야를 발견하면 스스로 신바람이 나서 거기에 자동 매진하게 돼 있다. 이런 조건이 될 때 그 분야에서 비약적인 성장과 발전을 이룰 수 있고, 이는 다시금 그 일을 더 잘할 수 있는 역량 강화로 선순환된다.

부모의 눈은 항상 세상과 미래를 향해 열려져 있어야 한다

이제라도 한국 부모들의 교육적 접근방법을 달리해야 할 때다. 즉 공부지상주의에서 벗어나, 앞으로의 세상과 미래의 향방이 어느 쪽으로 가는지 예의주시하면서 아이 교육이라는 큰 그림을 그려나 가야 한다. 물론 기하급수적인 변화의 시대를 맞이해 우리 인간이 미래를 정확하게 예측하기란 거의 불가능하다.

그럼에도 불구하고 그런 관심과 고민을 멈추지 않는 사람과 그 렇지 못한 사람과는 훗날 입장 차이가 크게 벌어질 수밖에 없다. 끊 임없는 호기심과 탐구의식을 발휘해 세상과 미래에 대해 관심의 끈을 놓지 않는 사람만이 시대의 낙오자가 아닌 시대의 선구자가 될 것이다.

'아이 성적이 아닌 적성에 집중하라!'

한국 부모들의 이런 변화된 태도만이 '4차 산업혁명 시대'라는 거대한 숲에서 '내 아이에게 올바른 교육'이라는 오솔길을 제대로 찾아낼 수 있을 것이다.

"사람들이 일에서 행복하기 위해서는 세 가지가 필요하다. 적성에 맞아야 하고, 너무 많이 해서는 안 되며, 성취감을 얻을 수 있어야 한다"

- 존 러스킨

2-7. 평생동안 돌아가는 오디오 플레이어

"아이가 태어나서 다섯 살이 되는 동안 부모한테 도대체 몇 번이나 야단을 맞는지 짐작해 본 적 있는가? 잠시 숨을 죽이고 한 번 생각해보자. 자. 몇 번이나 될 것 같은가?

어느 심리학자가 밝혀낸 바에 의하면 한 아이가 듣는 질책은 그 나이까지 따져보아도 최소한 4만 번이나 된다고 한다. 이 통계의 의미를 다른 각도에서 살펴보자. 다섯 살까지 야단을 4만 번 맞는다는 건 한 달 평균 666번, 하루에 22번씩이나 싫은 소리를 듣는다는 뜻이다"

독일 심리치료사 롤프 메르클레가 쓴《자기 사랑의 심리학》에 나오는 내용이다.

사람마다 내면에 오디오 플레이어가 한 대씩 내장돼 있다. 이것의 주요 용도는 무엇일까?

바로 그 속에는 당사자가 그동안 살아오면서 들은 말들이 모조리 녹음돼 있다. 그리고 이게 끝이 아니다. 그것이 계속 돌아가면서 시도 때도 없이 재생된다. 마찬가지로 부모가 된 이후로 우리가 아이에게 한 모든 말이 아이 안에 고스란히 저장된다. 그 양을 따지면 과연 얼마나 될까? 위에서 밝힌 대로 어마한 양이 될 것이다.

정작 문제는 부모 잔소리와 같은 부정적인 말이다. 이것이 아이 안에 과도하게 녹음되면 끊임없이 재생되면서, 아이의 정서와 심리에 악영향을 끼친다. 반대로 부모의 긍정적인 말이 많이 녹음되면, 아이의 정서와 심리에도 선한 영향을 끼친다. 후자의 입장이 될 때 아이가 진정으로 행복해질 수 있다. 물론 부모도 수시로 돌출되는 감정의 영향을 받는 인간의 약점을 벗어나기 어렵다. 그래서 아이의 잘못된 행동을 보면 화나 짜증 같은 부정적 감정이 팽배해진다. 즉 '아이의 잘못된 행동 → 부모의 부정적 감정의 격화 → 잔소리'라는 자동 행동 반응의 연결고리가 생긴다. 이런 연쇄 반응 고리부터 끊어야 한다.

한편 이 책을 든 부모들의 목적은 과연 무엇일까? 십중팔구 자신의 잔소리 습관을 고쳐, 아이와 소통이 잘 되는 공감의 대화법을 배우고자 하는 게 아닐까? 이런 부모들에게 도움이 되는 글이 있다.

일본의 유아심리전문가이자 응용분석학자로 활약하고 있는 오쿠다 켄지의 책《칭찬과 꾸중의 심리학》을 보면, 다음과 같은 내용이 언급된다.

'저는 엄마들이 아이에게 던지는 질문들 가운데 "왜?"와 "어째서?"만큼 어리석은 질문은 없다고 생각합니다. "왜?"와 "어째서?"라는 질문은 아이가 아닌 엄마 자신에게 던져야 할 물음이기 때문입니다.'

무작정 아이에게 잔소리를 앞세우기 전에 부모들이 먼저 해야 할 일이 있다. 다음과 같은 자기 질문이 선행되어야 한다.

"'왜?' 나는 이 상황에서 잔소리가 최선의 방책이라고 생각할까? 이보다 더 나은 대화법은 과연 무엇이 있을까?"

"'어째서' 나는 아이와 통하지 않는 잔소리부터 말하려고 하는가? 아이와 소통이 더 잘 되는 공감의 대화를 해야만 하지 않을까?"

이런 자기 질문이 활성화되면 부모 입장에서도 잔소리습관을 고치기가 훨씬 더 용이해진다. 이는 일종의 '메타인지(Meta-recognition)'식 접근법으로 볼 수 있다. 여기서 말하는 '메타인지'란 무엇인가?

한 마디로 '생각의 생각'으로 풀이할 수 있는 데, 자기 자신의 생각을 바라보는 객관적이고 이성적인 생각을 뜻한다. 이런 생각이 왜 필요할까? 이로써 평소 자신이 미처 생각하지 못한 생각의 사각지대를 없앨 수 있기 때문이다.

잔소리의 고유특징

한편 잔소리의 고유특징이 몇 가지 있는 데, 밝히면 다음과 같다.

첫째. 한 번의 잔소리가 더 많은 잔소리를 불러온다. 일명 '잔소리 가중의 법칙'이 작용한다. 이런 특징 때문에 부모 입에 잔소리 습관이 쉽게 물들어버린다.

둘째. 잔소리는 화자와 청자 모두의 부정적인 감정만 키운다. 그래서 대화참여자 모두에게 입히는 감정적 손해가 이만저만 큰 게 아니다.

셋째. 잔소리를 습관적으로 말하는 부모들의 근본 심리가 있다. 즉 아이에게 한껏 잔소리를 쏟아내면 당장에 속이 후련할 것처럼 느낀다. 하지만 이는 착각에 불과하다. 사실상 잔소리는 그 자체의 부정적 기운이 강해 오히려 화자 자신의 스트레스만 가중시킬 뿐이다.

이런 사실에도 불구하고 왜 우리는 잔소리를 최선의 대화방식이라고 생각할까? 이런 사실에도 불구하고 여전히 잔소리습관을 고치기 힘들다고 호소하는 부모들이 있을 수 있다. 그래서 이들에게 도움이 되는 내용을 제시해보면 다음과 같다.

"쟤가 왜 저런 행동을 하지? 도저히 '이해'가 안 돼!"

흔히 잔소리 부모들이 아이의 그릇된 행동을 보면 보이는 일반적인 반응이다. 이렇게 우리는 '이해'라는 말을 흔하게 사용한다.

"왜 그래? 내 말을 이해하지 못하겠니?"
"왜 그렇게 행동할 수밖에 없는 거야? 도저히 이해할 수가 없구나!"
"아직도 내 의도를 이해하지 못했니? 정말로 답답하다!"

이같이 대부분의 사람들은 상대방이 먼저 나를 이해해주거나 나를 이해시켜 줄 것을 원한다. 이게 문제다! 왜 내가 먼저 상대방을 이해해주거나 이해시키려는 노력은 전혀 기울이지 않는 걸까? 그게 아니라면 당장은 이해하기 힘들더라도 상대방의 입장에서 이해하려는 최소한의 노력은 기울일 수 있지 않을까? 특히나 아이의 잘못된 행동을 접하는 부모들에게 이런 노력이 요구된다. 왜냐하면 이때 '이해'는 '사랑'을 대신하는 말이기 때문이다.

서로의 입장을 바꿔 생각해보라

당신의 어린 시절을 소환해보라! 그때 당신은 어땠는가? 적어도 지금의 내 아이만큼이나 실수나 잘못을 많이 했던 건 아닌가? 어쩌면 그보다 훨씬 더 많은 실수나 잘못을 했을지도 모른다. 이렇게 서로의 입장을 바꿔 생각해보면, 당신이 습관적으로 말하는 잔소리에 대한 정당성도 곧바로 소멸되리라 본다.

부디 당신과 아이의 행복을 원한다면 당신의 잔소리습관부터 '꺼'두기 바란다. 때문에 아이의 잘못된 행동을 보면 무조건 틀렸다고 단정 짓기보다는 일단 모든 판단을 유보한 채 아이 말에 좀 더 귀 기울여보는 건 어떤가? 당신이 아이에게 해줄 말은 잔소리가 아니다. 당신의 사랑을 아이가 충분히 느끼게끔 하는 소위 '사랑 소리'가 되어야 한다.

지금 당신이 말하는 모든 잔소리가 아이 안의 오디오 플레이어에 고스란히 녹음돼, 시도 때도 없이 재생된다고 상상해보라. 이 얼마나 끔찍한 일인가? 그만큼 당신이 쓰고 있는 잔소리습관에 대해 당신 스스로도 무거운 책임감을 가져야 할 것이다.

"어린 자들에게 친절히 대하라. 그들이 곧 그대를 보고 기록에 남길 것이다"

- 코넬리

2-8. 아이는 부모 말뿐만 아니라 행동도 예의주시한다

'미국에는 부모의 영향력에 관해 말할 때 자주 인용되는 내용이 있다. 조나단 에드워드 가문과 맥스 쥬크 가문의 이야기다. 같은 동네에 살았던 조나단과 쥬크는 서로 친구 사이로, 둘 다 비슷한 시기에 결혼했다. 조나단 가정은 부부 사이가 무척 좋았다. 부부 둘 다 성실하고 정직했다. 늘 솔선수범하면서 아이들을 사랑으로 키웠다. 여성에 대한 차별이 심한 시기였지만 딸들도 아들과 똑같이 교육시켰다. 반면 쥬크 가정은 정반대였다. 부부 사이가 몹시 나빠 허구헌날 싸우기 일쑤였다. 두 사람 모두 도박과 알코올에 중독돼 살았으므로 아이 교육에 전혀 신경 쓰지 않았다.

200년이 지난 후 두 가정을 조사해보니, 조나단 가문에서는 부통령과 대학 총장, 대학교수, 변호사, 판사, 작가, 의사 등 8대에 걸쳐 미국을 움직이는 많은 인재들이 다양하게 배출됐다. 반면 쥬크 가문에서는 대부분이 노숙자와 범죄자, 알코올중독자, 매춘 여성들이 나왔다. 5대에 걸친 후손들 중에 평범한 생활을 한 사람은 불과 20여 명에 지나지 않았다.'

이 글을 읽고 당신은 무슨 생각이 들었는가? 나는 세상 모든 부모들이 아이 앞에서만큼은 언행(言行)을 특히 더 조심해야 한다고 생각했다. 부모가 무심코 하는 말과 행동 하나하나가 아이에게 적지 않은 파문(波文)을 일으킨다. 그만큼 아이는 부모 말뿐만 아니라 행동까지도 예의주시한다. 내 아이가 올바른 생각을 가진 성인으로 건강하게 자라길 원한다면, 평소 부모가 그들의 롤 모델이 되고 있음을 잊지 말라. 그렇기에 부모의 언행(言行)이 되도록 밝고 긍정적일수록 좋다. 부모가 표출한 언행 하나하나가 자식을 포함해 그 후손들에게까지 지대한 영향력을 미친다는 걸 고려하면, 부모의 그 어떤 말과 행동도 가볍게 여겨선 안 된다.

지금까지 나는 이 책에서 부모 말의 중요성에 대해서만 강조해왔다. 때문에 부모 행동은 그리 중요치 않다는 선입견을 심어줄 소지가 있었던 것 같다. 절대 그렇지 않다! 부모 말만큼이나 행동 역시도 아이 교육에 있어 상당히 중요한 요소다. '행동은 몸으로 하는 언어다'는 말도 있듯이, 부모의 사소한 행동 하나하나가 아이에겐 강력한 메시지로 전달된다.

말만큼 행동을 중요하게 여기는 방법은 무엇일까

부모 말뿐만 아니라 행동 역시도 중요시 하라. 이와 관련된 사자성어가 있다. 바로 '언행일치(言行一致)'다. '말과 행동이 같음'을 뜻하는 이 말이 진부한 표현이라서 그런지, 이 말의 중요성을 간과하는 이들이 적지 않다. 그래서 이 말의 의미와 가치를 깊이 되새기는 차원에서 좀 더 구체적으로 설명해볼까 한다.

평소에 우리는 무수한 말을 한다. 그와는 반대로, 행동은 그만큼 행하지 못한다. 현실적으로 보면 말과 행동을 100% 일치시키기란 거의 불가능하다. 왜 그럴까?

개개인에게 주어진 물리적 시간과 체력의 한계를 고려하면 이는 당연하다. 그럼에도 불구하고 부모 입장에서 평상시 말만큼이나 행동을 일치시키기 위해 최선을 다해야 한다. 절대 말만 앞세우는 어리석음을 범해선 안 된다. 만약 그럴 자신이 없다면 적어도 항상 행동을 염두에 두면서 말을 하라. 왜 그런지 이유를 제시하면 다음과 같다.

일례로 A라는 사람이 평소 말을 많이 하는 데 반해, 행동이 전혀 뒤따르지 않으면 어떻게 될까?

그에 대한 신뢰도는 급추락하고 말 것이다. 그런 상황에서 제 아무리 자신의 진정성을 증명하기 위해 화려한 언변을 늘어놓더라도 이미 때는 늦었다. 한번 무너진 신뢰를 되돌리기란 사실상 힘들다. 이는 부모 자식 관계도 마찬가지다.

부모가 아이 앞에서 말만 앞세울 뿐 행동이 소홀해지면 아이는 부모를 전혀 신뢰하지 않는다. 심지어 부모가 '도토리로 묵을 만든다'라고 말해도 아이는 의심의 눈초리만 가득할 것이다.

이런 지경이라면 부모 말은 더 이상 무의미해지고 만다. 게다가 아이 역시도 부모의 그런 태도를 은연중에 따라 배워, 또 한 명의 신뢰 없는 성인으로 성장할 소지가 크다. 세상 그 어떤 부모도 내 아이가 이런 사람이 되기를 원치 않을 것이다. 그렇기에 부모의 언행일치란 아이 교육에 있어 상당히 중요한 요소다.

건강한 대화의 조건

'건강한 대화'란 무엇일까?

바로 '대화 참여자 간에 신뢰가 바탕 돼 이루어지는 대화'라고 말할 수 있겠다. 하지만 잔소리 부모의 행동은 이에 부합하지 않는다. 잔소리 부모의 특성상 평소 말은 많이 하지만, 행동이 그만큼 뒤따르지 않기에 잔소리를 하면 할수록, 부모의 신뢰도는 추락할 수밖에 없는 노릇이다. 부모와 자식 관계를 포함해 모든 인간관계에서 신뢰가 얼마나 중요한가를 일깨우는 위인(偉人)의 일화가 있다.

중국 청나라 시대 최고 상인으로 칭송받은 이가 있었다. 주인공은 바로 호설암(皓雪岩)이다. 가난한 집에서 태어났기에 어릴 때부터 사회 밑바닥부터 안 해본 일이 없을 정도로 그는 갖은 고생을 다 했다. 돈을 벌기 위해서라면 그 어떤 일도 가리지 않았지만, 그는 절대 자기 잇속만 챙기지 않았다. 그렇다면 그는 어떻게 청나라 최고의 상인으로 추앙받을 수 있었을까? 그 일화가 있다.

하루는 그가 청나라의 정치가이자 군 통솔권자인 좌종익의 부름을 받아 만나게 되었다. 그 자리에서 좌종익은 호설암에게 명령과도 같은 부탁을 한다.

"10만 위안을 꼭 마련해서 주시오! 나라를 위해 무기를 구입해야 한다오."
"네 알겠습니다!"

하지만 호설암에겐 그만한 돈이 없었다. 호설암의 수중에 있는 돈을 모두 합쳐도 그 액수에서 절대 부족했다. 그런데도 그는 그 자리에서 한 치의 망설임도 없이 굳게 약속했다. 그렇다면 그는 어떻게 거액을 마련할 수 있었을까?

바로 다음 날. 호설암은 집 하인을 시켜, 은행에 가서 1000위안을 빌려오라고 했다. 그런 뒤 그다음 날 아침 곧바로 갚았다. 며칠 뒤 또 그는 하인을 시켜 2000위안을 빌려오도록 시켰다. 그런 뒤 또 그다음 날 아침에 정확하게 갚았다.

이런 식으로 그는 계속해서 돈의 액수를 불려가면서, 빌리고 되갚기를 반복해 은행의 신뢰를 얻을 수 있었다. 그리곤 호설암이 은행 임원을 직접 찾아가 부탁했다.

"내게 10만 위안이 꼭 필요하니 빌려주시오!"

그 자리에서 곧바로 은행 임원으로부터 거액을 빌릴 수 있었다. 그 길로 그는 돈을 좌종익에게 전달했다. 그렇다면 은행에 빌린 돈은 어떻게 되었을까?

이 역시도 은행과의 약속을 지키기 위해 그 자신의 사업에 더 심혈을 기울였고, 그 결과 엄청난 돈을 벌어들여 정확하게 갚을 수 있었다. 그만큼 그는 신뢰를 목숨과도 같이 생각하는 사람이었다.

"신뢰란 눈처럼 쌓아가면서 지켜나가는 것이다!"

호설암이 한 말이다.

마찬가지로 부모가 아이의 신뢰를 얻기 위해선 스스로가 한 말에 대해 무한 책임을 질 줄 알아야 한다. 한 번의 행동이 만 번의 말보다 더 큰 신뢰를 준다는 사실을 명심하라. 우리 인간이 하는 행동에는 '크고 작은 게' 없다. 단지 '있고 없음'이 있을 따름이다.

세상을 움직이고 역사를 변화시킨 사람들은 절대 말만 앞세운 이들이 아니다. 늘 언행일치를 염두에 두면서 자신이 한 말만큼이나 행동을 일치시키기 위해 최선을 다한 사람들이다.

"교육이란 알지 못하는 바를 알도록 가르치는 것이 아니라, 사람들이 행동하지 않을 때, 행동하도록 가르치는 것을 의미한다"

- 마크 트웨인

잔소리
말고

온 소리

잔소리
말고
온 소리

Chap3.

3-1. 잔소리의 반대말은

"잔소리의 반대말은 과연 무엇일까?"

하도 궁금해서, 사전을 샅샅이 뒤져봤다. 하지만 그런 단어는 없었다. 혹시나 하는 마음에 인터넷도 뒤져봤지만 결과는 같았다. 대신 다음과 같은 다양한 대답들이 나왔다

'우산', '칭찬', '배려'

사실상 우리 국어사전에는 잔소리의 반대말이 공식적으로는 없음을 최종 확인할 수 있었다. 하지만 이는 섣불리 넘길 사안이 아니

100

다. 왜냐하면 우리말에 잔소리의 반대말이 없다는 건 다음과 같은 여러 가지 문제들을 유발하고 있기 때문이다.

첫째. 현재 우리 사회의 언어문화가 부모와 아이 모두의 대화 스트레스만 가중시키고 있다. 이유는 다음과 같다.

"나의 언어의 한계가 나의 세계의 한계다!"

오스트리아 출신 영국 철학자, 루드비히 비트겐슈타인이 한 말이다. 이 말을 좀 더 쉽게 풀이하면 다음과 같다.

바로 내가 쓰는 언어(말)가 곧 내 생각에 미치는 영향력은 지대하다. 그리고 이것이 내 세계를 형성한다. 이와는 반대로 내가 쓰지 않는 언어(말)가 내 생각에 끼치는 영향력은 미미하다. 그래서 그 언어(말)는 내 세계와는 전혀 무관한 말이 돼버린다.

마찬가지로 우리말에 잔소리만 있고 그것의 반대말이 없음으로 인해서 우리나라 부모들이 아이와의 대화 중에 잔소리를 더 집중적으로 쓰는 부정적 대화 환경에 처해져있다. 이것이 우리나라 부모와 아이 간의 대화 스트레스만 가중시키고 있다.

둘째. 부모와 아이 사이의 불통(不通)과 불화(不和)의 직접적 원인으로 작용하고 있다. 부모의 습관어 가운데 잔소리가 큰 부분을 차지하면, 그 어떤 아이라도 부모와의 대화를 꺼릴 수밖에 없다. 이것이 서로 간의 소통을 가로막고 관계를 악화시키는 직접적인 원인이 된다.

셋째. 우리 사회가 이미 잔소리 중독 사회로 치달았다는 뜻이기도 하다. 잔소리의 반대말이 우리말에 미정의돼 있다는 건 곧 우리가 잔소리를 불필요하게 남발하는 대화 환경에 처해 있음을 알린다. 이런 식이 돼 버리면, 부모 입장에서도 잔소리에 대한 의존도가 갈수록 커질 수밖에 없다. 이것이 우리 사회를 잔소리 중독 사회로 내모는 직접적인 원인이 된다. 이런 판단의 근거가 있다.

앞서 봤듯이, 우리는 부모의 잔소리 습관이 발단이 돼, 심지어 아이의 범죄행위로 치닫는 경우를 목도할 수 있었다. 그만큼 부모의 잔소리습관에 대해 우리나라 아이들이 이미 예민해질 대로 예민해져 있음을 알 수 있는 대목이다. 게다가 유독 "(부모의) 잔소리의 '잔'자만 들어도 미치겠어요!"라는 하소연을 하며 잔소리 그 자체를 지긋지긋하게 여기고 있는 아이들이 우리나라에 많은 걸 봐도 그렇다.

이런 사실을 감안하면, 지금 우리 사회는 잔소리를 조장하는 수준을 넘어 잔소리가 과도하게 남발되는, 잔소리 중독 사회에 접어들었음을 알 수 있다. 이런 지경이 된 건 순전히 우리 사회에 잔소리의 반대말이 없기 때문이다. '절망'의 반대말로 '희망'이란 단어가 있기에, 우리는 절망적인 상황에서도 '희망'을 염원하면서 다시 힘을 낼 수 있는 것이다. 또한 '실패'의 반대말로 '성공'이란 낱말이 엄연히 존재하기 때문에 우리가 실패의 깊은 수렁에 빠져서도 다시금 '성공'을 향해 힘차게 나아갈 수 있는 것이다. 이처럼 언어란 사회 구성원들의 인식과 사용에 의해서만 생명력을 부여받는다.

넷째. 우리나라 부모와 아이 모두의 불행을 재촉하고 있다. 잔소리만큼 부정적인 단어도 없다. 이 말이 우리에게 오랫동안 만연돼왔다는 건 우리의 대화 문화가 사회구성원들의 불행을 조장하고 있음을 뜻한다.

한 사회의 언어문화가 긍정적일 때, 구성원들의 행복에도 보탬이 되지 않을까? 하지만 현재 우리사회는 잔소리와 같은 부정적인 단어만 집중적으로 쓰일 뿐, 온소리 같은 긍정적인 단어가 없기에 전혀 쓰이지 못하고 있다. 이것이 우리나라 부모와 아이 모두의 불행을 촉발시키는 주요 원인이 된다.

다섯째. 아이를 향한 부모의 잘못된 편견만 키운다. 부모가 아이에게 잔소리를 하는 결정적 이유는 아이의 장점보다는 단점에 더 깊이 꽂혀있기 때문이다. 이로 인해 아이의 성장 가능성이나 발전 가능성에 대해선 눈을 감아버린다. 하지만 세상에 단점만 있고 장점이 없는 사람이 어디 있겠는가?

설령 아이의 단점이 당장 눈에 띈다손 치더라도, 부모가 그 아이가 가진 단점을 충분히 이해하고 공감할 경우, 얼마든지 아이의 강점으로 유도할 수 있다. 이 말인즉슨 우리나라 부모들이 아이의 단점에만 꼼혀선, 그들의 고유 강점은 무시해버리는, 잘못된 편견만 강화시키고 있다는 얘기다.

이렇게 지금 우리 사회에 잔소리의 반대말이 없음으로 해서 유발되는 문제점들을 다섯 가지로 정리해봤다. 때문에 나는 이 자리에서, '잔소리의 반대말은 온소리다!' 라는 사실을 우리 국가 차원에서 공식적으로 수용해 줄 것을 강력히 주장한다. 나아가 '온소리'가 국어사전에도 하루빨리 등재되어야 한다고 생각한다. 우리 사회의 이런 근본적인 모순이 제대로 해소될 때, 우리나라 부모와 아이 모두가 진정으로 행복해지는 행복의 필요충분조건이 달성될 수 있다.

"행복한 가정은 미리 누리는 천국이다"

- R. 브라우닝

3-2. 온소리란 무슨 말인가

앞서 우리는 잔소리가 초래하는 많은 문제점에 대해 알아봤다. 결과적으로 우리나라 부모들 입에서 하루빨리 종식되어야 할 말이 잔소리다. 부모와 아이 모두에게 백해무익(百害無益)하고, 천해무익(千害無益)한 말임에 틀림없다. 그만큼 해악만 가득하다는 얘기다. 잔소리의 이런 문제점을 보완하고 부모와 아이 모두에게 도움이 되는 말이 있다. 나는 이 말을 '온소리'라고 부른다. 그렇다면 온 소리란 과연 무슨 말인가?

먼저 '온소리'를 두 가지 측면에서 파자(破字)해 설명하면 다음과 같다.

첫째. 순우리말 '온'과 순우리말 '소리(聲)'의 합성어다. 여기서 '온'은 '꽉 찬' 혹은 '완전한'이란 의미다. 그래서 온소리는 '꽉찬 소리' '완전한 소리'로 풀이된다. 무슨 뜻일까? 곧 이렇게 설명할 수 있다! 청자 입장에서 들으면 도움이 되는 말 즉 쓸모가 있는 말로 해석된다. 즉 '잔소리'가 '쓸데없이 늘어놓는 자질구레한 말'이란 뜻인데 반해, '온소리'는 '쓸데 있게 하는 온전한 말'로 볼 수 있는 것이다.

둘째. 한자어 '따뜻할 온(溫)'과 소리의 합성어다. 말 그대로 '따뜻한 말' 즉 '이해와 공감의 말'로 풀이할 수 있다.

위 개념들을 종합해보면, '온소리'의 최종적인 정의는 다음과 같다.

'상대방의 입장을 이해하고 공감하면서 하는 온전한 말!'

잔소리가 남발되면 대화 참여자 간에 불통(不通)과 불화(不和) 만 초래되지만, 온소리가 활성화되면 대화 참여자 간에 소통과 화합 이 이루어진다. 대화의 목적이 이해와 공감이라는 측면에서 보면, 온소리가 그에 부합하는 안성맞춤의 말이다.

온소리의 주요 특징

온소리의 주요 특징들이 몇 가지 있는 데 다음과 같다.

첫째. 온소리는 말하는 사람(화자)이 긍정적인 생각과 감정 상태 에서 하는 말이다. 절대 잔소리와 같이 부정적인 생각과 감정을 앞 세운 말이 아니다.

둘째. 온소리는 화자가 청자의 말을 경청하면서 하는 말이다. 이 때 온소리 화자(話者)는 마치 상담자가 내담자와 대화하듯, 상대방의 말을 귀담아듣고 대화를 부드럽게 이끄는 중재자 역할을 한다. 이로써 대화 상대방의 생각이나 감정 상태를 충분히 파악하고 그에 알맞게 대처할 수 있다.

셋째. 온 소리에는 질문형의 대화가 많이 포함된다. 이런 대화의 장점이 있다. 바로 대화 참여자 모두를 대화에 적극 끌어들일 만큼 대화의 묘미를 북돋워준다.

넷째. 온 소리는 화자가 상대방의 문제행동에 대해 언급할 땐, 주로 '아이 메시지(i-message)'로 표현한다. 여기서 '아이 메시지'란 '나 전달법'이라고도 하는데, 상대방의 문제행동을 지적할 경우, '나(I)'를 주어로 해 간접적으로 내 생각이나 감정을 표현하는 방식이다.

가령, "(그 문제에 관해)'나'는 이렇게 생각한다" "(그에 대한)'내' 생각은 이러 이러하다" "(그것에 대해)'내'가 보기엔 이렇다" 식으로 표현된다. 이런 식의 대화의 장점이 있다.

바로 이 말을 들은 상대방은 자신이 직접 판단, 평가, 공격받는다는 생각이 전혀 들지 않기에 방어심리가 생기지 않는다.

이상 네 가지가 온소리의 주요 특징들이다.

우리나라 부모들이 잔소리를 끌어들여 생긴 많은 문제들도 온소리를 습관화시킨다면, 그 대부분이 충분히 해소될 수 있다고 생각한다. 부모가 아이에게 건네는 대화방식만 바꿔도 대화의 분위기가 한결 더 좋아진다. 부모 잔소리를 부모 온소리로 대체해야 할 이유를 바로 여기서 찾을 수 있다.

아이를 배려하는 대화의 중요성

'노란 종달새'라고 불리는 미국 인디언 수우족의 기도문을 보면, 이런 내용이 나온다.

'아! 위대한 영혼이여! 상대의 신발을 신고 2주일 동안 걷지 않는 이상, 내가 상대를 판단하거나 비난하지 않도록 하소서!'

마찬가지로 부모가 아이 입장을 제대로 이해하고 공감하기 위해선, 우선적으로 아이가 처한 상황을 아이 시각에서 바라볼 줄 알아야 한다. 그래야만 아이에 대한 이해와 공감의 말인 온소리를 제대로 말할 수 있다.

한국 부모들이 우선적으로 익혀야 할 말은 온소리다. 부모와 아이 모두에게 많은 유익들을 제공하는 데 있어, 이 말보다 더 좋은 말은 없다고 생각한다. 따라서 잔소리는 우리나라 부모들이 하루속히 끊어야 할 말이지만, 온소리는 우리나라 부모들이 조속히 익혀야 할 말이다. 부모 입에 온소리가 습관화되면 내 아이와의 대화시간이 더없이 즐겁고 행복해질 수 있다.

"부모란 자녀에게 사소한 어떤 것을 주어 아이가 행복하도록 만들어주는 존재다"

- 오그든 내시

3-3. 온소리 전문가 한 사랑 박사와
잔소리 엄마 김 간섭 여사의 대화 내용

요즘 김 간섭 여사의 마음이 매우 무겁다. 아들이 두 명 있는데 둘 다 엄마 말을 잘 듣지 않아 스트레스가 이만저만이 아니다. 특히나 그들이 중학생이 되면서부터 엄마 말을 더 강하게 거부하고 대드는 경우가 잦아졌다. 오랜 고민 끝에 그녀는 한 사랑 박사를 찾아와 상담을 요청하게 되었다. 두 사람의 대화내용은 다음과 같다.

한 박사: 어머님, 만나서 반갑습니다. 저는 한 사랑 박사라고 합니다. 오늘 저를 찾아온 이유가 무엇인지 자세하게 말씀해 주시면 고맙겠습니다.

김 여사: 안녕하세요. 한 사랑 박사님! 저는 중학교 1학년과 2학년 연년생 아들 둘을 둔 엄마입니다. 애들이 중학교에 올라오면서부터 제 말을 도통 듣지 않고 있습니다! 특히나 갈등을 일으키는 아이들 행동유형이 있답니다. 바로 둘 다 집에 오면 그날 해야 할 공부나 숙제는 완전히 뒷전이고 몇 시간이고 스마트폰 게임에만 빠져 있습니다. 그럴 때마다 온갖 잔소리를 퍼부어보지만 제 말은 귓등으로 듣고 맙니다!

한 박사: 그렇군요! 말씀을 들으니, 무척 속상하시겠습니다. 먼저 어머님께 궁금한 점이 하나 있습니다. 어머니는 아이들이 게임을 하는 모습을 보면, 애초에 무슨 생각이나 감정을 갖게 됩니까?

김 여사: 우선 무지하게 화가 나요! 그래서 나도 모르게 잔소리를 늘어놓게 되죠.
"왜 엄마 말은 그렇게 안 듣는 거야!" "자꾸 이러면, 엄마도 더 이상 참지 않겠어, 각오해!"라고 말로 압박을 해보지만, 아이들은 꿈쩍도 하지 않습니다. 그래서 어쩔 수 없이 완력을 행사하게 됩니다. 바로 아이들이 갖고 있던 스마트폰을 강제적으로 빼앗게 되지요. 그러면 또 한 번 몸싸움을 통한 실랑이가 벌어지는 데 이 또한 크나큰 스트레스가 아닐 수 없습니다.

한 박사: 제가 왜 그 질문을 드리느냐 하면, 어머님 관점에서 보면, 가장 눈에 거슬리는 아이들 행동유형이 보통은 정해져 있답니다. 쉽게 말해 어머님 눈에만 '꼽혀있는' 아이들 행동유형이 따로 있단 말이죠. 그것이 바로 어머님의 습관화된 잔소리를 부추기는 방

111

아쇠가 됩니다. 또 그 이면엔 어머님의 고착화 된 부정적인 생각과 감정이 숨어있지요. 이는 마치 깜깜한 숲속을 사슴 한 마리가 지니고 있는데, 갑자기 저쪽에서 비추는 자동차 불빛에 사슴의 시야가 꽂히면서, 주변의 다른 것들은 전혀 보지 못하는 것과 같은 이치라고 볼 수 있습니다.

김 여사: 그래서 아이들의 문제행동인 게임하는 모습을 보면 제가 잔소리 외에는 다른 말은 전혀 생각하지 못한다는 말씀이신가요?

한 박사: 네, 그렇다고 볼 수 있습니다. 여기서 질문을 하나 하겠습니다! 지금까지 어머님이 아이들에게 수도 없이 잔소리를 해왔을 텐데, 과연 아이들의 문제행동이 단 한 번이라고 속 시원하게 해결된 적이 있습니까?

김 여사: 아니요! 전혀 없습니다! 오히려 한바탕 잔소리를 쏟고 나면 저와 아이들 사이엔 늘 부정적인 생각과 감정의 앙금만 더 할 뿐, 아이들의 문제행동은 조금도 개선된 적이 없답니다!

한 박사: 그런 사실을 보면 어머님의 습관적인 잔소리는 이미 어머니와 아이들 모두에게 해악(害惡)만 끼치는 말로 변해버렸다고 볼 수 있습니다. 그런데도 왜 어머님은 여전히 잔소리습관을 고치지 않고 계신 거죠?

김 여사: 그야 뭐? 잔소리 말고는 다른 할 말이 생각나지 않기 때문이라고 볼 수 있습니다. 그나마 잔소리라도 해야지만, 아이들의 문제행동을 저지할 수 있다는 심리적 안정감을 갖고 있는 것 같아요. 물론 제 잔소리습관이 초래하는 부작용에 대해선 단 한 번도 심각하게 생각해 본 적이 없습니다. 그래서 잔소리 말고 또 다른 방식의 대화의 필요성에 대해서도 전혀 생각하지 않았던 것 같아요. 이런 이유로 잔소리습관을 더더욱 고치기가 힘들었는지도 모릅니다.

한 박사: 어머님과 마찬가지로, 대부분의 우리나라 부모들도 비슷한 처지에 놓여 있다고 볼 수 있습니다. 솔직히 저 역시도 아이 둘을 둔 아버지로서, 불과 몇 년 전까지만 해도 아이들에게 잔소리를 많이 했습니다. 하지만 첫째인 아들과의 관계가 제 잔소리습관으로 인해 크게 틀어진 적이 있었지요. 바로 그때

제 말 습관을 되돌아보게 되었고 그 결과 잔소리만으로는 아이의 문제행동을 개선하기는커녕, 오히려 더 악화시킬 수 있다는 결론에 도달하게 되었습니다. 그때부터 잔소리를 대체할 말을 본격적으로 연구하게 되었고, 마침내 '온소리'라는 말을 개발하게 되었습니다!

김 여사: '온소리'라고요? 도대체 그 말은 무슨 말인가요?

한 박사: 어머님이 생소하게 여기시는 건 당연합니다! 바로 제가 직접 개발한 말이기 때문입니다. 어머님의 이해를 돕기 위해 '온소리'에 대한 자세한 설명을 곁들이면 다음과 같습니다. 먼저 '온소리'의 정의는 이렇습니다.

'대화 상대방의 입장을 이해하고 공감하면서 하는 온전한 말'

여기서 '입장'이란 부모 시각에선 아이가 처해 있는 현재 상황을 말하며 '온전한 말'이란 아이에게 도움이 되는 말로 이해하시면 됩니다. 또한 온소리 부모가 되기 위한 4가지 핵심 조건들이 있는데 다음과 같습니다!

첫째. 온소리 부모는 긍정적인 생각과 감정 상태에서 아이와의 대화를 이끌어가는 걸 중요하게 생각합니다. 이로써 서로 간의 원활한 소통이 가능해질 수 있지요. 대화분위기가 좋아야만 대화 내용이 잘 풀린다는 건 당연하지 않겠습니까?

둘째. 온소리 부모는 아이 말을 경청하는 데 집중합니다. 다시 말해, 온소리 부모는 아이를 향해 입 대신 귀를 여는 걸 더 중요하게 여기지요. 부모가 아이 말을 경청해야만 아이가 가진 생각이나 감정 상태를 정확하게 이해하고 공감할 수 있습니다. 이는 마치 부모가 상담자가 돼 아이를 내담자로 여기면서, 부드럽고 이성적인 분위기에서 아이와 상담극을 진행하는 것과 흡사하다고 보시면 이해하시기가 훨씬 더 용이하실 겁니다.

셋째. 온소리 부모는 아이에게 질문을 많이 던집니다. 질문이 개입된 대화의 장점이 있습니다. 대화

참여자 모두에게 대화의 묘미를 더해 주기에, 대화에 적극적으로 끌어들인다는 사실입니다.

넷째. 온소리 부모가 아이의 문제행동에 대해 언급할 땐 주로 '아이 메시지(I-message)'로 표현하게 됩니다. '나 전달법'이라고 하는 이 말은 상대방의 문제 행동을 지적할 경우, '나(I)'가 주어가 돼 내 생각이나 감정을 간접적으로 표현하는 방식입니다. 가령, "나는 이렇게 느꼈다!" "나는 이래 생각한다!"라는 식으로 내 생각과 감정을 대화 상대방에게 우회적으로 전달하는 방식이지요. 이런 대화의 장점이 있습니다. 이런 식의 말을 들은 상대방은 절대 자신이 공격을 받거나 비난을 받는다는 생각이 들지 않습니다. 아이가 부모 말에 귀를 열고 호의적인 태도를 갖게 되는 것도 바로 이런 이유 때문이라고 볼 수 있습니다.

김 여사: 박사님의 구체적인 설명을 들으니 온소리가 무슨 말인지 대강은 이해할 수 있을 것 같습니다. 특히나 부모가 온소리로 말하는 건 부모가 상담자가 돼, 아이를 내담자로 여기면서, 상담극을 진행하는 것과

비슷하다는 말이 꽤 인상적으로 들리네요.

한 박사: 결과적으로 잔소리 부모가 온소리 부모로 성공적으로 변신하기 위해선, 온소리에 대한 정확한 이해와 함께 아이와의 대화에 온소리를 적극적으로 끌어들여야 합니다. 이 말을 자주 써야지만 부모의 습관어(習慣語)가 될 수 있습니다. 즉 온소리를 습관화시키는 데 있어, 부모의 실천은 아무리 강조해도 지나치지 않습니다.

김 여사: 박사님의 설명을 듣고 나니, 저도 아이들의 문제행동에 대해 좀 더 자신 있게 대처할 수 있을 것 같습니다. 박사님이 정리한 개념을 이참에 좀 더 확실하게 이해할 수 있도록, 실제 사례 몇 가지를 통해서 설명해주시면 고맙겠습니다!

한 박사: 네, 그러면 부모 온소리의 실제 사례를 세 가지에 걸쳐 설명해보도록 하겠습니다!

한 박사: 첫 번째 사례는 어머님의 아이들의 경우와 같이, 아이가 공부(숙제)는 뒷전이고 게임에만 몰두하는 경우로 가정해보겠습니다. 이 상황에서 잔소리 부모(부모1)와 온소리 부모(부모2)의 대화 내용은 다를 수밖에 없습니다. 먼저 잔소리 부모가 아이에게 건네는 대화 내용은 다음과 같은 식이 되겠지요.

부모 1:   00야! 넌 하루 온 종일 게임에만 매달리고 있는데 도대체 정신이 있는 거야, 없는 거야? 중요한 공부(숙제)는 완전히 뒷전이고 왜 그렇게 쓸데없는 짓만 하고 있는 거야?

아이 1:   잠시 쉬고 싶었어요! 게임은 조금만 하려고 했다고요!

부모 1:   넌 항상 그 모양이야! 하란 공부(숙제)는 안 하고 자꾸 엉뚱한 짓만 할 거야?

아이 1:   진짜라고요! 엄마(아빠)는 늘 제 말을 무시해요!

부모 1:　넌 언제 엄마(아빠) 말을 그렇게도 잘 들었다고 그래? 좋게 말할 때 어서 빨리 끝내!"

한 박사:　반면 온 소리 부모가 아이에게 건네는 대화 내용은 잔소리 부모와는 전혀 다릅니다. 가령, 다음과 같은 식이 될 겁니다!

부모 2:　00야! 엄마(아빠)가 갑자기 궁금한 점이 생겼는데 지금 잠시 얘기할 시간이 좀 있니?

아이 2:　네, 괜찮아요. 말씀해보세요!

부모 2:　엄마(아빠)가 보니깐, 오늘 네가 끝내야 할 공부(숙제)가 아직 안 된 것 같더라. 무슨 일이라도 있었던 거니?

아이 2:　…….

부모 2:　엄마(아빠)한테 있는 사실 그대로 말해도 괜찮아! 그냥 궁금해서 물어보는 거니까!

아이 2:　실은 '○○게임'이란 게 새로 나왔는데 그 게임을 한다고 못했어요.

부모 2:　아, 그렇구나! 그게 그렇게도 재밌었니?

아이 2:　네! 짱이에요!

부모 2:　그럼 엄마(아빠)가 좀 봐도 괜찮을까?

아이 2:　네, (직접 보여주면서) 바로 이런 거예요.

부모 2:　아, 그렇네! 정말 재밌겠다! 사실은 엄마(아빠)도 네 나이 때엔 게임을 무척 좋아했단다. 당시는 동네 오락실이 있었는데 그곳에 가서 오락을 하면 시간 가는 줄도 모르게 푹 빠져든 적이 많았어! 그래, 요즘엔 너희 친구들 사이에 또 어떤 게임이 제일 인기가 좋아?

아이 2:　'△△△'라는 게임도 있는 데, 그것도 정말 끝내줘요!

부모 2:　그래? 역시나 시간을 보내는 덴 게임만큼 재미있는 게 없다는 생각을 하게 되는 구나!

아이 2:   네, 그런 거 같아요!

부모 2:   그런데, 엄마(아빠)가 걱정이 좀 되는 부분이 있는데, 넌 어떻게 생각하는 지 궁금하구나!

아이 2:   무엇이죠?

부모 2:   오늘같이 이런 식으로 네가 게임에만 몰두하면 정작 공부(숙제)를 할 시간은 완전히 빼앗기는 건 아닐까? 라는 걱정이 앞서는데. 네 생각은 어떻니?

아이 2:   아니에요! 저도 이번 게임이 끝나면 공부(숙제)를 시작하려고 했어요! 게임은 단지 스트레스 해소를 위해 잠시 잠깐 했을 뿐이에요!

부모 2:   아, 그래? 그렇다면 다행이다! 엄마(아빠)가 괜히 걱정만 앞세웠구나! 그럼 네 말대로 이번 게임을 마치면 숙제(공부)를 본격적으로 시작하도록 하려무나.

아이 2:   네, 그럴게요!

부모 2:   또 요즘 힘든 일은 따로 없니? 가령, 일이 잘 안 풀린
            다거나 고민거리 같은거?

아이 2:   글쎄요? 아, 있어요! 0일까지 학교 수행평가 준비
            와 학원 숙제를 동시에 끝내야만 하는데, 그런 게
            너무 힘들어요!

부모 2:   엄마(아빠)가 보기에도 요즘 네가 그것 때문에 많
            이 힘들어하는 것 같아 보였어! 그래서 네 스트레스
            도 클 것 같다는 생각을 하곤 했단다! 그럼 이 문제
            에 관해서도 함께 이야기해보는 건 어떨까?

아이 2:   네 괜찮아요!

부모 2:   가령, 같은 일을 하더라도 기왕이면 좀 더 가볍고
            효과적으로 하는 방법이 분명히 있지 않을까?

아이 2:   글쎄요? 그런 방법이 과연 있을까요?

부모 2: 당연하지! 똑같은 분량의 공부(숙제)를 하더라도 스트레스를 최소화시키기 위해 지금까지 하던 공부(숙제) 방식에 변화를 주는 방법이라고 생각하면 돼! 가령, 공부(숙제)하는 중간중간에 간단한 운동이나 짧은 산책 아니면 휴식시간을 끼워놓고선 공부(숙제)를 단계적으로 완수해나가는 방식으로 볼 수 있단다! 이는 마치 게임을 레벨에 맞춰, 완수해나가는 것과 비슷하다고 볼 수 있지. 그러면 똑같은 분량의 공부(숙제)를 하더라도 한꺼번에 억지로 몰아서 하는 것보다는 스트레스를 좀 더 줄이면서, 보다 더 효율적으로 내 컨디션이나 상황에 맞춰 처리할 수 있단다. 쉽게 말해, 같은 분량의 공부(숙제)를 자신이 하고 싶은 방식으로 탄력적으로 조정하면서 실행하는 방식이라고 보면 돼!

아이 2: 음, 그것도 좋은 방법인 것 같아요!

부모 2: 물론, 네가 이런 방식으로 공부(숙제)습관을 들이기 위해선 네 일상생활에도 변화를 줘야만 할 거야. 다시 말해, 미리 계획을 세워 수행평가와 학원 숙제를 할 시간을 따로 정해놓는 것이지! 그리곤 그 스케줄에 따라 공부(숙제)를 단계적으로 진행하면 된단다! 그렇게 계획성 있게 공부(숙제)를 하면 네가 쉴 시간도 충분히 확보하면서 공부(숙제)도 밀리지 않게 할 수 있을 거야.

아이 2: 만약 그런 식의 공부(숙제)가 제게 더 큰 도움이 된다면 저도 이참에 공부(숙제)습관을 바꿀 마음의 준비는 충분히 생각하고 있어요!

부모 2: 그런 말을 들으니 다행이구나! 네가 무언가를 하겠다는 의지가 그만큼 강하다는 걸 뜻하니까. 그에 관해선 앞으로 어떤 방식으로 공부(숙제)습관을 바꾸는 게 네게 더 유리한지 충분하게 생각해 본 뒤 결정하기를 바란다. 엄마(아빠)는 기왕이면 네가 좀 더 즐겁고 재미있게 학창 생활을 보내기를 원하고 있어!

아이 2: 저도 그러고 싶어요!

부모 2: 엄마(아빠)는 네가 좀 더 노력하면 충분히 더 잘 할 수 있을 거라고 항상 생각하고 있단다. 다음번에 또 힘든 점이 있으면 엄마(아빠)와 함께 상의할 수 있으면 좋겠구나!

아이 2: 네, 그렇게 할게요!

부모 2: 그래! 잘 이해했다니 이제 마음이 놓이네! 오늘 엄마(아빠) 말을 귀담아 들어줘서 고맙다!

한 박사: 위 상황을 보면, 잔소리 부모와 온 소리 부모의 대화의 접근 방법이 거의 상반된다는 걸 알 수 있습니다. 잔소리 부모는 아이의 생각이나 감정 상태는 전혀 안중에 없지요. 오로지 공부(숙제)는 뒷전이고 게임에만 빠져있는 아이의 문제행동에만 꽂혀 있습니다. 그래서 부모의 부정적인 생각과 감정만 잔뜩 실은 잔소리로 아이를 몰아세우기에 바쁩니다. 반면 온소리 부모는 절대 부정적인 생각과 감정에 휘둘리지 않습니다. 그럴수록 부모 자신의 내면 상태를 돌아보면서, 우선은 긍정적인 생각과 감정 상태에서 아이와 대화에 임하려고 노력합니다. 온소리 부모가 중요하게 여기는 건 아이에 대한 '이해'와 '공감'이라는 걸 잘 기억하십시오. 물론 아이의

문제행동에 대해 언급할 땐 온소리 부모라고 해도 대충 넘어가진 않습니다. 오히려 그에 대해 아이 스스로 그것이 잘못된 부분이 무엇인지 충분히 이해하고　받아들일 수 있도록 대화를 끝까지 부드럽고 유연하게 진행하는 데 집중하게 되지요!

김 여사: 박사님의 자세한 설명을 들으니, 온소리가 과연 무슨 뜻인지 좀 더 명확하게 이해할 수 있을 것 같습니다!

A.위 문제 해결에 도움이 되는 참고 팁:

1. 잔소리 부모와는 달리, 온소리 부모는 늘 긍정적인 생각과 감정 상태에서 아이와의 대화를 이끄는 데 집중한다.
2. 잔소리 부모는 아이의 문제행동을 보면 직접적으로 파고드는 직진형의 태도를 선호하지만, 온소리 부모는 아이의 문제행동에 대해 점진적으로 접근하는 우회형의 태도를 선호한다.
3. 잔소리 부모는 대화 내내 아이에게 단정적이거나 지시적인 말을 하기에, 이것이 아이의 부정적인 생각과 감정을 자극해 대화를 거부하게 만든다. 반면 온소리 부모는 부드러운 질문 형의 말을 주로 쓰므로 아이의 호기심을 자극해, 대화에 적극적으로

끌어들인다.

4. 잔소리 부모와 반대로, 온소리 부모는 일단 아이가 하는 말에 전적인 신뢰를 보인다. 왜냐하면 이런 태도만이 아이와의 대화를 통한 신뢰 구축을 더 탄탄히 하는 데 도움이 된다고 보기 때문이다.

사례 2: 아이가 부모와 한 약속을 잘 지키지 않는 경우,

한 박사:　이번 사례는 아이가 부모와 한 약속을 지키지 않고 제 멋대로 행동하는 경우로 가정해보겠습니다. 아마도 잔소리 부모는 다음과 같은 식의 대화로 대응하지 않을까요?

부모 1:　00야! 너 또 왜 그래? 엄마(아빠)와 한 약속은 왜 이번에도 안 지킨 거야, 도대체 생각이 있는 거야 없는 거야?

아이 1:　갑자기 사정이 좀 생겼어요!

부모 1:　사정? 그저 하기 싫으니까 핑계를 대는 거 아니야?

아이 1: 아니라고요! 정말 있었다고요!

부모 1: 그래? 그 사정? 어디 한 번 들어나 보지. 어서 말해봐!

아이 1: 절친 00가 갑자기 찾아와 고민을 들어주다 보니 엄마(아빠)와 약속한 일을 깜박 잊고 못했어요!

부모 1: 그게 말이 된다고 생각해? 네겐 엄마(아빠)와의 약속이 더 중요해? 친구 얘기 들어주는 게 더 중요해?

아이 1: 절친이 고민을 털어놓기 위해 저를 직접 찾아왔는데, 어떻게 거부할 수 있겠어요?

부모 1: 뭐야? 넌 항상 그 모양이야! 그럼 엄마(아빠)와 한 약속은 전혀 중요하지 않단 말이야? 그런 핑계 따위는 집어치우고 0시까지 약속한 일을 끝내놓지 않으면, 이번엔 엄마(아빠)도 가만히 있지 않을 거야!

아이 1: 엄마(아빠)와는 말이 안 통해요!

한 박사: 반면 온 소리 부모는 이런 식의 말로 아이에게 접근할 겁니다.

부모 2: 00야! 오늘 많이 바빴던 모양이구나! 우리가 아침에 약속한 일이 아직도 안된 것 같던데! 왜 무슨 일이라도 있었니?

아이 2: 네, 갑자기 급한 일이 좀 생겼어요!

부모 2: 그래? 그 일은 해결이 잘 되었니?

아이 2: 글쎄요? 아직 잘 모르겠어요!

부모 2: 일이 좀 복잡해진 모양이네! 그래, 무슨 일이 있었는지 엄마(아빠)에게 좀 더 자세하게 얘기해 줄 수는 있어?

아이 2: 글쎄요? 이 자리에서 세세하게 말씀드리긴 곤란해요. 대충 말씀드리면, 제 절친이 갑자기 절 찾아와 고민을 털어놓길래, 그걸 들어준다고 엄마(아빠)와 약속한 일을 깜박 잊고 못했어요!

부모 2: 아, 그런 일이 있었구나! 만약 엄마(아빠)도 네 입장이 되었다면 너와 똑같이 행동했을 거라고 생각해. 친구의 고민을 내가 힘께 공유하면서 신경을 쓴 건 엄마(아빠)도 잘 한 일이라고 봐.

아이 2: 그래도 아직까지는 기분이 별로예요. 절친이 그 문제를 해결하기가 무척 힘들겠다는 생각이 들기 때문인 것 같아요.

부모 2: 그렇지만 네가 어렵게 시간을 내줘 자신의 고민을 들어준 사실에 대해선 그 친구도 무척 고마워할 거야.

아이 2: 그렇다면 다행이고요!

부모 2: 엄마(아빠)는 네가 네 입장에서 최선을 다했다고 생각해! 그러니 친구 문제로 네가 너무 걱정하지 않았으면 좋겠구나. 대개의 경우, 시간이 해결해주는 경우가 많단다. 그러니 시간이 좀 더 지나면 친구의 고민도 자연스럽게 해소가 되리라고 봐!

아이 2: 그렇게 될 수 있다면 좋겠어요!

부모 2:   그리고 아침에 우리가 한 약속은 어떻게 할 생각인지 궁금하구나!

아이 2:   일단 이제부터라도 그걸 본격적으로 하려고 생각하고 있었어요.

부모 2:   그렇니? 그럼 그렇게 하도록 하려무나. 엄마(아빠)는 서로가 약속한 부분도 결코 소홀히 하지 않겠다는 네 의지를 확인할 수 있어서 이젠 안심이 되는구나!

아이 2:   저도 엄마(아빠)가 믿고 지켜봐주시니까, 기분이 좋아요!

부모 2:   오늘 엄마(아빠)에게 솔직하게 말해줘서 정말 고맙구나!

한 박사: 이번 사례를 보면, 잔소리 부모는 아이에게 처음부터 부정적 감정만 팽배한 잔소리로 일관하기에 바쁩니다. 이런 식으로 대화를 해서는 절대 아이와 소통하기 어렵습니다! 부모의 책임 추궁식 말은 아이

의 반항심만 자극하게 돼, 아이를 더욱 빗나가게 할 뿐이죠. 반면 온소리 부모는 접근 방식이 전혀 다릅니다. 일난 아이가 처한 상황을 좀 더 자세하게 듣고 제대로 파악하기 위해 아이 말을 경청하는 태도가 돋보입니다. 절대 부모가 그 상황을 넘겨짚거나 속단하지 않습니다. 온소리 부모가 관심을 기울이는 건 아이의 행동 결과가 아닙니다. 그 행동의 배경이나 이유라고 볼 수 있습니다. 온소리의 뜻이 '대화 상대방의 입장을 이해하고 공감하면서 하는 온전한 말'이라는 걸 늘 상기시키면서 아이와의 대화에 임한다면, 어머님 입장에서도 온소리를 습관화시키기가 훨씬 더 용이하실 겁니다.

B. 위 문제 해결을 위한 팁:

1. 잔소리 부모와 달리, 온소리 부모는 아이의 문제행동을 다룰 때, 최대한 긍정적인 분위기에서 마음의 여유를 갖고 부드럽고 유연하게 대화를 이끌려 애쓴다.
2. 온소리 부모가 매우 중요하게 여기는 건 아이 말을 귀담아듣는 행위다. 그래야만 아이가 처한 상황을 보다 더 정확하게 이해하고 제대로 공감할 수 있다고 보기 때문이다.

3. 온소리 부모는 아이가 약속을 못 지킬 경우, 무조건적인 응징보다는 일단 아이가 약속을 못 지킨 배경이나 핵심 이유에 대해 아이 말을 충분히 듣고 판단하는 걸 원칙으로 삼는다. 또한 아이의 문제행동에 대한 해결책을 모색할 때도 아이의 생각을 존중하면서 아이와 중점적으로 협의하려고 노력한다.

4. 온소리 부모는 비록 아이가 잘못된 행동을 보일지라도, 우선적으론 아이가 하는 행동 가운데 긍정적인 요소를 찾는 데 집중한다. 왜냐하면 이런 노력들이 아이 입장을 좀 더 이해하고 공감하는 데 적지 않은 도움이 된다는 걸 잘 알고 있기 때문이다.

사례 3: 아이가 동생을 습관적으로 때리는(괴롭히는) 경우

한 박사: 이번 사례는 아이가 동생을 습관적으로 때리는(괴롭히는) 경우로 상정해 보겠습니다. 먼저 잔소리 부모는 다음과 같은 식의 말로 대응하지 않을까요?

부모 1: 00야! 너 또 동생을 때린(괴롭힌) 거야? 넌 왜 항상 그 모양이야!

아이 1: 동생이 먼저 잘못했다고요! 제 말은 전혀 듣지도 않고 약을 살살 올리길래, 어쩔 수 없었다고요!

부모 1: 그럼, 넌 언제 엄마(아빠) 말을 그렇게도 잘 들었다고 그래? 그때마다 우리가 널 때렸어(괴롭혔어)?

아이 1: 엄마(아빠)는 항상 저만 갖고 그래요!

부모 1: 네가 그런 식의 변명으로 일관하니까, 엄마(아빠) 화를 더 돋우는 거 아니야? 네가 뭘 잘못했는지 반성부터 해보라고!

아이 1: 엄마(아빠)하고는 더 이상 대화가 안 돼요.

부모 1: 어쨌거나 네가 먼저 동생을 때렸잖아(괴롭혔잖아). 어서 동생에게 가서 사과해!

아이 1: 싫어요!

부모 1: 뭘 잘했다고 이래 난리야! 엄마(아빠) 말이 그렇게도 우스워?

아이 1: 엄마(아빠)는 항상 동생 편만 들어요!

한 박사: 반면 온 소리 부모는 다음과 같은 말로 대처할 겁니다.

부모 2: 00야! 지금 동생이 많이 울던 데, 도대체 무슨 일이 있었던 거니?

아이 2: …….

부모 2: 괜찮아! 엄마(아빠)는 단지 무슨 일이 있었는지 알고 싶어서 그러는 거야. 자세하게 이야기 해주면 좋겠구나!

아이 2: 동생이 제 말을 무시하면서 약을 살살 올리길 래, 화가 나서 좀 때렸어요(괴롭혔어요)!

부모 2: 동생이 네 말을 무시하면서 약을 올리니까 화가 무지하게 난 거구나! 많이 속상했겠구나!

아이 2: 네, 아직도 화가 안 풀려요. 최근에 이런 일이 벌써 몇 번째인지 모르겠어요!

부모 2: 그래? 또 구체적으로 어떤 일이 있었는지, 엄마(아빠)한테 좀 더 정확하게 이야기해 주면 좋겠구나.

아이 2: 사실은 동생이 제가 가장 아끼는 물건을 제 허락도 없이 마음대로 갖다 쓴 뒤, 가져오지 않길래 주의를 몇 번씩이나 줬어요! 오늘도 똑같이 행동하길래 이번엔 도저히 참을 수가 없었어요. 그래서 제가 동생에게 앞으로 제 물건에 함부로 손대지 말라고 경고했는데도, 동생은 그렇게는 못하겠다며 약을 살살 올리는 게 아니겠어요? 그래서 화가 많이 나서 때린 거예요(괴롭힌 거예요)!

부모 2: 아, 그런 일이 있었구나! 일단 동생이 먼저 잘못을 한 건 분명하구나! 그럴 경우엔 누구라도 화가 날 수밖에 없다고 봐! 하지만 폭력(괴롭힘)이 과연 문제 해결에 도움이 될까? 내 생각은 어떻니?

아이 2: 글쎄요? 물론 도움이 안 되겠지요!

부모 2: 그렇지! 폭력(괴롭힘)은 절대 좋은 방법이 아니란다! 만약 그런 상황에 다시 처해진다면 어떻게 대처하는 게 좋을까?

아이 2:   아직 잘 모르겠어요!

부모 2:   엄마(아빠)는 일단 네 감정을 안정시키는 게 제일
          중요하다고 봐! 화가 날 때 마다 행동으로 옮기는
          건 최악의 상황으로 치닫는 지름길이 될 수밖에 없
          단다. 특히나 그것이 폭력(괴롭힘)이라면 더더욱
          그렇단다! 오히려 상황만 더 복잡하고 심각하게 만
          들 뿐이야. 그게 끝이 아니란다! 심지어는 너와 동
          생 관계를 회복 불능 상태로 내몰 수도 있단다!

아이 2:   그래도 동생이 먼저 잘못했잖아요? 그걸 보고 어떻
          게 제가 참을 수 있겠어요?

부모 2:   물론, 네가 화가 나고 속상한 건 엄마(아빠)도 충분
          히 이해해! 하지만 폭력(괴롭힘)은 또 다른 폭력(괴
          롭힘)을 불러오기에 그 어떤 상황에서도 허용해서
          는 안 된다고 봐!

아이 2:   그러면 어떻게 해야 되는 데요?

부모 2: 만약 네가 또다시 동생의 그런 행동으로 인해 화가 나면 일단 모든 행동을 멈추는데 집중해봐! 그러면 화도 조금씩 가라앉을 거야. 그렇게 화가 충분히 누 그러지면 동생과 다시 대화를 이어가는 거지. 그러면 대화 분위기는 물론, 대화의 결과도 분명히 지금보다는 훨씬 더 좋은 쪽으로 유도할 수 있을 거라고 봐! 이건 엄마(아빠)의 직접적인 경험담이기에 네가 믿고 시도해 보는 것도 괜찮을 거야!

아이 2: 그렇다면 화가 난 상태에선 어떻게 해야만 화를 재빨리 가라앉힐 수가 있죠?

부모 2: 일단 가장 쉬운 방법 두 가지를 제시해볼게. 첫째 방법은 화가 나면 우선 모든 행동을 멈춘 뒤 속으로 숫자를 계속 세면서 화를 누그러뜨리는 방법이고, 두 번째 방법은 동생과 함께 있는 장소를 일단 벗어나는 거야! 그러면 동생이 안 보이니까, 화를 좀 더 쉽게 가라앉힐 수 있을 거야. 그렇게 감정이 안정된 뒤 동생과 대화를 다시 가진다면, 대화 분위기도 한결 더 좋아지면서 동생과 화해하기가 훨씬 더 용이해질 수 있을 거라고 봐! 그런 뒤, 동생 문제에 대해 서로가 솔직하게 이야기하면서 대화를 이어가는 식이지!

아이 2: 아! 그런 생각은 미처 못 했네요! 다음부턴 그런 방법을 꼭 써 봐야겠어요!

부모 2: 일단 오늘은 동생과 화해할 방법을 먼저 생각해보는 건 어떨까?

아이 2: 네, 그럴게요. 엄마(아빠)의 조언을 들으니 제 기분도 좀 나아졌어요! 저와 동생 모두에게 좋은 해결방법으로 과연 무엇이 있을지 생각해본 뒤, 동생과 다시 대화를 가져보도록 할게요.

부모 2: 그렇게 하려무나! 비록 오늘은 동생과 불미스러운 일이 생겼지만, 다음부턴 오늘 엄마(아빠)와 얘기한 부분을 잘 기억고선 꼭 적용해보길 바란다. 그러면 동생과도 크게 부딪히지 않으면서 서로의 공감대 형성도 훨씬 더 쉬워질 거야! 너의 이런 노력들이 동생과의 소통과 친밀감을 키우는 데 큰 도움이 될 거라고 엄마(아빠)는 생각하고 있단다!

아이 2: 무슨 말씀인지 이해할 수 있을 것 같아요! 엄마(아빠) 말씀을 꼭 참고해 앞으로 동생과도 좀 더 잘 지내보도록 노력할게요!

부모 2: 그래, 엄마(아빠)에게 솔직하게 말해줘 고맙구나! 오늘 일을 통해서 네가 얻은 교훈을 잘 기억해보렴. 엄마(아빠)는 너와 동생 모두가 앞으로 말이 더 잘 통하면서 우애가 깊어지기를 바라고 있단다!

한 박사: 위 사례도 잔소리 부모는 우리의 예상을 전혀 벗어나지 못하고 있지요. 스스로의 부정적인 생각과 감정을 주체하지 못해, 잔소리로 발산하기에 여념이 없습니다. 아이가 처한 상황은 도외시한 채, 부모의 부정적인 생각과 감정만 잔뜩 실은 잔소리를 내뱉기에 바쁘지요. 이런 대화방식으로는 도저히 아이를 납득시킬 수 없답니다. 반면 온소리 부모는 전혀 다른 접근 방식을 쓰고 있습니다. 아이가 동생을 때리게(괴롭히게) 된 구체적인 이유와 배경을 아이 말을 경청하면서 상황을 보다 더 정확하게 파악하려고 노력하고 있지요. 이럴수록 부모의 부정적인 대응은 독이 될 뿐입니다. 아이가 가진 생각과 감정에 공감하면

서 부모가 대화를 풀어가는 게, 이 대목에서 가장 중요합니다. 그렇게 부모의 호의적인 태도가 확인되면, 아이도 부모 말에 긍정적인 신호를 보내면서 협조할 가능성이 커집니다! 다시 말해 부모가 자신을 야단치거나 말로 공격하는 게 아니라는 사실을 이미 확인했기에, 아이 입장에서도 부모 말을 수긍하면서 동조할 가능성이 훨씬 높아진다고 볼 수 있지요!

위 세 사례들을 보면, 잔소리 부모와 온 소리 부모의 접근 방식이 거의 상반된다는 걸 알 수 있습니다. 대화(말)의 목적이 이해와 공감이라는 사실을 염두에 두면 바로 온소리가 세상 부모들이 습관화시켜야 할 목표 언어임이 자동 증명됩니다. 부모와 아이 간의 소통력과 친밀감을 키우는 데 있어, 온소리만큼 안성맞춤의 말은 없다고 생각합니다. 어머님의 잔소리습관을 온소리습관으로 바꾸는 데 반드시 성공하시길 바라겠습니다!

김 여사: 박사님의 친절하고 자세한 설명이 오늘 제게 큰 도움이 되었습니다. 대단히 감사합니다! 앞으로 저도 온소리를 습관화시켜, 아이들 입장을 이해하고 공

141

감할 수 있는 좋은 엄마(아빠)가 되도록 노력하겠습니다!

C. 세 번째 문제 해결에 도움이 되는 팁:

1. 온소리 부모는 대화 내내 아이 입장을 이해하고 공감하는 말로 일관한다.
2. 첫째 아이의 폭력(괴롭힘)이 확인되었음에도 불구하고 온소리 부모는 잔소리 부모와는 반대로, 절대 똑같이 대처하지 않는다. 그럴수록 이성적으로 다가면서 부드럽고 유연한 대화 분위기를 끝까지 유지해 아이와 소통하는 데 힘쓴다.
3. 부모의 이해와 공감은 아이 말을 경청해야만 이룰 수 있는 부모의 태도임에 틀림없다.
4. 잔소리 부모는 아이를 말로 꼬집고 상처를 주지만 온소리 부모는 아이를 말로 위로하고 포용한다.
5. 온소리 부모가 아이의 문제행동을 언급할 경우, "나는 어떻게 느꼈다" "내 생각은 이러이러하다" 는 식의 나 전달법을 적극 활용하고 있다.

"'아이에게 무엇이 결여됐는지'를 보는 것이 아니라 '아이에게 무엇이 있는지'를 찾아내는 것이 부모의 역할이다" - 대럴드 트레퍼트

3-4. 세상에 나쁜 대화는 없지만 나쁜 대화법은 있다

"우리 인간에게 대화가 필요한 이유는 과연 무엇일까?"

내 대답은 이렇다!

"인간은 대화를 통해서만 상대방의 생각과 감정을 보다 더 정확하게 이해하고 알 수 있기 때문에"

일단 그런대로 좋다! 이 또한 질문에 대한 적절한 대답이라고 치자! 하지만 여기서 또 다른 의문점이 생긴다.

"인간이 대화를 통해 상대방의 생각과 감정을 보다 더 정확하게 이해하고 알고 나선, 또 무얼하겠다는 것인가?"

이에 대한 내 대답 역시도 이렇다.

"그로써 상대방의 입장을 제대로 공감하고 받아들일 수 있기 때문이다!"

이런 시각에서 보면 인간이 하는 모든 대화는 좋다고 볼 수 있다.

당장에 상대방을 헐뜯거나 욕하지 않는 이상, 상대방의 생각과 감정을 정확하게 이해하고 알고 나선, 그가 처한 상황을 공감하고 수용히기 위한 수단이라는 차원에서 보면, 이 세상의 모든 대화는 좋다고 볼 수 있다.

단 예외가 있다! 부모의 잔소리습관과 같이, 부모의 부정적인 감정에 기인해 아이를 강압적인 말로 몰아붙이는 식의 나쁜 대화법은 엄연히 존재한다.

엄밀하게 말하면, 많은 부모들이 잔소리를 대화라고 착각한다. 다시 강조하건 데, 잔소리는 대화가 아니다! '대화'의 사전적인 의미에 비추어 봐도 금세 알 수 있다. 곧 '마주대하여 이야기를 주고받음'이라고 사전에 나온다. 이 문장을 두 개로 나눌 수 있다. 즉 '마주대하다'와 '이야기를 주고받다'이다. 여기서 '마주대하다'는 대화 참여자 간의 동등한 위치인 '평등성'을 강조하고, '이야기를 주고받다'는 대화 참여자들 간에 생각과 감정을 말로 주고받는다는 '상호성'을 강조한다.

이런 시각에서 보면, 부모 잔소리는 첫째, 부모가 아이보다 늘 상위(上位)에 위치해 말을 명령조나 지시조로 하기에 평등성에 위배되며, 둘째, 부모가 말을 아이에게 일방적으로 전달하는 입장에 있기에 상호성에도 어긋난다. 그래서 잔소리는 대화가 아니다!

세상에는 두 종류의 일이 있다

잔소리를 습관화시킨 부모들의 저변 심리가 있다. 바로 '아이의 저 잘못된 행동을 당장 고쳐야만 해!'라는 것이다. 이런 생각이 과연 타당할까? 먼저 이런 입장의 부모들에게 전하고 싶은 책 내용이 있다.

'세상에는 두 종류의 일이 있다. 하나는 바꿀 수 있는 일이고 다른 하나는 바꿀 수 없는 일이다. 바꿀 수 없는 일을 바꾸려고 하는 것은 헛된 시도이며, 괴로움만 더해질 뿐이다. 행복해지고 싶다면 먼저 바꿀 수 없는 일들을 그대로 받아들이고 자신의 힘으로 바꿀 수 있는 일들을 찾은 뒤, 그것을 바꾸기 위해 꾸준히 노력하라.'

중국작가 쟝 사오헝의 책,《느리게 더 느리게》에 나오는 글이다.

마찬가지로 내가 아이에게 잔소리를 하는 근본 이유가 아이의 잘못된 행동을 바꾸겠다는 의도라면 일찌감치 포기하는 게 좋다. 왜냐하면 이 또한 부모 입장에선 '바꿀 수 없는 일'이기 때문이다. 그렇다면 아이의 잘못된 행동에 대해 부모는 어떻게 대처하는 게 좋을까?

'우선은 이해하면서 받아들이라!'고 권하고 싶다!

가령, '아이의 잘못된 행동 = 나쁜 것 혹은 당장에 바꿔야 하는 것' 이라는 도식보다는, '아이의 잘못된 행동 = 성장 과정에서 충분히 있을 수 있는 일 혹은 시행착오(試行錯誤)' 라는 도식으로 말이다. 이렇게 부모의 시각이 바뀌면, 부모 입장에서도 잔소리와 결별하기가 훨씬 더 용이해진다.

한편 똑같은 아이 행동을 보고 세상 모든 부모가 똑같이 반응하는 건 아니다! 어떤 부모는 그럴수록 아이 말을 경청하면서 아이 입장을 좀 더 이해하고 공감하려 할 것이다. 또 어떤 부모는 아이 탓을 하면서 일방적으로 잔소리폭탄을 쏟아낼 것이다.

이 둘 중 어느 쪽이 아이와 충분하게 소통하는 길일까? 당연히 전자가 아닐까? 잔소리를 습관적으로 하는 부모들이 놓치는 점이 있다. 바로 다음과 같은 생각이다.

"말을 하기 전에 생각할 여유가 있다면, 당신이 말하고자 하는 것이 말할 가치가 있는지, 말할 필요가 있는지, 누군가에게 해악을 끼치지 않는지 하는 것을 깊이 생각해보아야 한다.

대부분의 경우에는 깊이 생각함과 동시에 말할 필요가 없어져 버린다."

저명한 소설가 레프 톨스토이가 한 말이다. 부모가 아이에게 하는 잔소리도 마찬가지다. 과연 그 말이 아이에게 충분한 가치와 의미가 있는지 미리 따져볼 필요가 있다. 즉 잔소리를 한 후의 상황이 잔소리를 하기 전의 상황보다 더 못할 것처럼 판단된다면, 그 말은 아이에게 절대적으로 불필요한 것이다. 그런 말을 해서는 안 된다.

부모 역시도 잔소리를 하기가 싫다?

물론 잘 안다. 세상 어느 부모라도 아이에게 잔소리하고 싶지 않다는 것을. 그럼에도 불구하고 "아이의 잘못된 행동을 보고도 가만히 있으면 아이의 행실만 더 나빠질 거라는 우려 때문에 잔소리를 하지 않을 수 없다"고 항변하는 부모들이 있다.

과연 이 말 또한 정당화될 수 있을까? 당연히 아니다! 이 말 역시도 부모의 궁색한 변명에 지나지 않는다! 그렇다면 이에 관해서도 부모가 어떻게 대응하는 게 가장 좋을까?

이 역시도 아이 일은 아이에게 전적으로 맡기는 게 제일 좋다. 정작 중요한 건 아이의 문제행동이 아니다. 부모의 태도다. 지금 당장은 아이가 잘못된 행동을 보일지라도, 그럴수록 부모가 분별력을 발휘해 이성적으로 대처할 경우, 아이 역시도 스스로의 나쁜 경험을 반면교사 삼아, 그 자신의 성장과 발전의 계기로 삼을 것이다.

반대로 아이의 잘못된 행동에 대해 부모가 잔소리와 같이 부정적인 말로 일관할 경우, 아이는 오히려 부모에 대한 반감만 키우며, 자신의 나쁜 경험에서도 일절 배울 생각을 하지 않을 것이다. 여기서 우리는 부모 온소리가 부모 잔소리보다 부모와 아이 모두에게 훨씬 너 유익한 말임을 확실하게 일 수 있다. 그릏기에 나는 '부모 온소리 캠페인'이 우리나라 부모들 사이에서 거국적(擧國的)으로 확산되어야 한다고 생각한다.

세상에 나쁜 대화는 없다. 단 나쁜 대화법은 있다. 부모 온소리는 부모와 아이 모두에게 좋은 대화이자, 좋은 대화법임에 틀림없다. 반면 부모 잔소리는 부모 입장에선 좋은 대화로 여길지 모르나, 단연코 아이 입장에선 나쁜 대화법에 속한다.

"우리는 일 년 후면 다 잊어버릴 슬픔을 간직하느라 무엇과도 바꿀 수 없는 소중한 시간을 버리고 있다. 소심하게 굴기에는 인생이 너무 짧다"
                                                              - 카네기

3-5. 천국과 지옥이 따로 있는 게 아니다

한 농부가 죽어서 저 세상에 갔다.

그곳에 당도하니, 지옥으로 인도하는 문과 천국으로 인도하는 문이 서로 접해 있었다. 갑자기 호기심이 동해, 그는 지옥이 어떤 곳인지 궁금해졌다. 그 길로 지옥문을 열고 들어가 안을 찬찬히 살폈다. 그러자 깜짝 놀랐다.

흔히 지옥이라고 하면 그 어떤 생명체도 살아가기 힘들 정도로 환경이 척박하고 무서운 곳이라 여겨왔기 때문이다. 하지만 그곳은 전혀 달랐다. 온 사방이 빛이 들어와 환했고 곳곳에 산해진미(山海珍味)가 가득했다.

그런 안심도 잠시, 지옥인들 모두가 오랜 세월 동안 기아(飢餓)를 겪은 것과도 같이 보기 흉할 정도로 말라 있었다. 그렇게 맛있는 음식을 사방에 잔뜩 쌓아놓고도 배를 굶고 있는 그들의 모습이 이상하다고 생각한 그는 곧 그 이유를 알 수 있었다.

정작 문제는 지옥인들이 갖고 있는 숟가락이었다. 그것의 손잡이는 한 사람이 쥐고 먹기엔 매우 길었고 그 중간은 불에 벌겋게 달아올라 있었기에, 손잡이 끝을 겨우 쥐고선 음식을 떠먹을 수밖에 없는 형국이었다. 그렇다 보니 지옥인들 각자가 수저로 음식을 뜬 뒤 자신의 입에 넣으려고 안간힘을 쏟았지만 그 누구도 성공하지 못했다.

그 길로 지옥을 나온 농부는 이번엔 천국 문을 열고 들어갔다. 천국도 지옥과 별반 다르지 않았다. 온 사방이 빛이 들어와 환했고 곳곳에 신해진미가 가득했다. 하지만 천국인들은 모두가 살이 퉁퉁히게 올라 있어 무척 건강하게 보였다.

농부는 그 이유를 알 수 있었다. 천국인들도 지옥인들과 똑같은 숟가락을 갖고 있었다. 하지만 천국인들의 행동은 지옥인들과는 전혀 달랐다. 자신의 수저로 음식을 뜬 것까지는 같았으나, 그들은 자신의 입이 아닌 바로 옆 사람의 입에 넣어주는 모습이 인상적이었다. 그제서야 농부는 천국과 지옥이 어떻게 다른 곳인지 명확하게 알 수 있었다.

위 이야기가 전하는 교훈에 나는 백번 동감한다. 왜냐하면 내가 평소 주위 사람들에게 전하는 천국과 지옥에 관한 글 내용의 요지도 이와 비슷하기 때문이다. 글을 인용하면 다음과 같다.

'제목: 우리가 생각하는 천국과 지옥은 전혀 다른 곳이 아닙니다!

살아가다 보면, '내 삶이 왜 이렇게 추락하고 만 거야?' '도대체 어디서부터 내 인생이 잘못 꼬인 걸까?' 라는 강한 회의감이 들 정도로, 내 인생이 엉망진창이 된 듯한 비참한 기분이 들 때가 종종 있습니다. 인생의 출구가 전혀 안 보이는 절망 가득한 순간이지요. 그럴 때마다 우리가 감수해야 할 고통도 이만저만 큰 것이 아닙니다.

분명한 사실은 그런 상황에 처해질수록 마냥 '남 탓!' '외부 탓!'만 해서는 안 된다는 겁니다. 왜냐하면 내가 처해 있는 그 상황으로 인해 현재의 내 삶이 불행해진 거라고도 말할 수 있겠지만, 반대로 그 상황에 대해 내가 가진 생각으로 인해 현재의 내 삶이 불행해진 거라고도 말할 수 있기 때문이지요.

정작 진실은 그 어떤 상황이 닥치더라도 생각만큼은 내가 자유롭게 결정할 수 있다는 점입니다. 다시 말해, 비록 겉보기엔 절망 가득한 순간처럼 보이더라도, 그럴수록 내 생각을 달리함으로써 오히려 그때가 희망 가득한 순간이 될 수도 있습니다. 물론 그 반대도 마찬가지이지요.

결국 우리가 생각하는 천국과 지옥은 전혀 다른 곳이 아닙니다. 내 생각이 천국이면 지금 내가 있는 이곳이 바로 천국이요, 내 생각이 지옥이면 지금 내가 있는 이곳이 바로 지옥이 됩니다. 그 어떤 고통의 순간이 닥치더라도 우리는 다음과 같은 질문을 자기 자신에게 던지는 걸 주저해서는 안 됩니다.

"나는 지금 천국 같은 생각을 하고 있는가? 아니면 지옥 같은 생각을 하고 있는가?"

이런 질문을 늘 품고 살면서 시시때때로 스스로에게 던질 수 있다면, 지금의 인생을 바라보는 내 시각도 크게 달라질 수 있겠지요. 이로써 내 인생이 보다 더 행복해질 수 있습니다!

세상일이 다 그렇지만 내 앞에서 일어나는 상황과 내 감정 사이엔 늘 '내 생각'이 깊이 관여하고 있습니다. 그 어떤 상황이 닥치더라도 항상 스스로에게 질문을 던지는 용기를 잊지 마시길 바랍니다. 왜냐하면 그것이 바로 현재의 내 인생을 보다 더 유의미하게 살아갈 수 있는 훌륭한 방법이 되기 때문입니다.'

마찬가지로, 부모로서 내가 입버릇처럼 하는 말이 온소리인가 잔소리인가에 따라서 내 삶은 물론, 내 아이 삶의 행·불행의 분기점이 된다. 내가 습관적으로 하는 말만 바꾸어도 인생이 달라진다. 우리나라 부모들이 습관화해야 할 말은 온소리다. 잔소리가 아니다! 왜냐하면 온소리는 천국의 말이지만 잔소리는 지옥의 말이기 때문이다.

"행복과 불행의 대부분은 주변의 환경이 아니라 자기 자신에게 달려있다"

- 마사 워싱턴

3-6. 잔소리 말고 온소리

부모 잔소리와 부모 온소리의 차이점을 몇 가지 측면에서 비교해 보면, 내가 왜 부모 온소리를 그렇게 강조하는지 그 이유를 좀 더 확실하게 알 수 있다.

표 1-1은 부모 잔소리와 부모 온소리의 비교표다. 지금까지 잔소리 부모로만 충실하게(?) 살아온 당신이 온소리 부모로 성공적으로 변신하기 위해선, 두 말의 차이점을 비교 평가함으로써 온소리의 가치와 의미를 제대로 깨달을 필요가 있다.

표1-1. 부모 잔소리와 부모 온 소리 비교표

구분	부모 잔소리	부모 온소리
뜻	부모가 아이에게 쓸데없이 늘어놓는 자질구레한 말	부모가 아이 입장을 이해하고 공감하면서 하는 온전한 말
부모의 생각과 감정상태	부정적	긍정적
아이 문제에 대한 부모의 접근 방식	직접적, 직진형	간접적, 우회형
이해 및 공감 여부	이해와 공감 부족	이해와 공감 충분
말의 특징	명령, 개입, 지시 등과 같이 강압적인 말	수용, 격려, 응원 등과 같이 자율적인 말
부모와 아이의 관계 효과	적대적, 관계 악화	친화적, 관계 증진
대화참여자의 행·불행 여부	불행	행복
화자의 메시지 전달 효율성	비효율적	효율적

첫째, 두 말의 뜻을 비교해 보면, '부모 잔소리'는 '부모가 아이에게 쓸데없이 늘어놓는 자질구레한 말'로, '부모 온소리'는 '부모가 아이 입장을 이해하고 공감하면서 하는 온전한 말'로 풀이된다. 여기서부터 부모 잔소리와 부모 온소리가 서로 상반되는 말이라는 걸 알 수 있다.

둘째. 화자인 부모의 생각과 감정 상태를 비교해보면, 부모 잔소리는 부모가 부정적인 생각과 감정 상태에서 하는 말인 반면, 부모 온소리는 부모가 긍정적인 생각과 감정 상태에서 하는 말이다. 이 부분에서 잔소리 부모와 온소리 부모의 아이 행동에 대한 인식이 큰 차이점을 드러낸다. 부정이 부정을, 긍정이 긍정을 더 강화시킨다는 점을 고려하면, 당연히 부모 온소리가 아이의 긍정적인 정서 및 태도, 습관 형성에 절대적으로 유리한 말이다.

셋째. 아이 문제 행동에 대한 접근 방식을 보면, 잔소리 부모는 아이 문제 행동에 직접적으로 개입하는 직진형을 선호한다. 그래서 아이의 저항과 갈등이 고조될 수밖에 없다. 반면 온소리 부모는 아이 문제 행동에 대해 간접적으로 접근하는 우회형을 선호한다. 이로써 아이의 저항과 갈등이 방지된다.

넷째. 이해와 공감 여부를 보면, 부모 잔소리는 부모의 이해와 공감이 부족한 말이고, 부모 온소리는 부모의 이해와 공감이 충분한 말이다. 부모의 이해와 공감은 아이와의 소통과 관계증진에 큰 도움이 된다.

다섯째, 말의 특징을 비교해보면, 부모 잔소리는 아이 입장에서 들으면 명령과 개입, 지시 등과 같이 강압적인 말로 밖에 들리지 않는다. 반면, 부모 온소리는 아이 입장에서 들으면 수용, 격려, 응원 등과 같이 자율적인 말로 들린다. 강압과 자율이라? 어떤 말이 아이의 동조와 협조를 이끌어 낼 수 있는지 불문가지(不問可知)가 아닐까?

여섯째, 말이 미치는 관계효과를 보면, 부모 잔소리는 부모와 아이 관계를 적대적으로 만들어 관계를 악화시키지만, 부모 온소리는 부모와 아이 관계를 친화적으로 만들어 관계를 증진시킨다.
세상에서 가장 가까워야 할 관계가 부모와 자식 관계가 아닐까? 그럼에도 불구하고 현실을 보면 서로의 관계가 적대적이 되는 경우가 적지 않다. 이 얼마나 안타까운 일인가? 이런 최악의 결과를 방지하기 위해선 부모가 온소리를 꼭 습관화시켜야 한다.

일곱째, 대화 참여자의 행·불행 여부를 보면, 부모 잔소리가 난무하면 대화 참여자 모두가 불행해지지만 부모 온소리가 활성화되면 양쪽 모두가 행복해진다.

마지막으로, 화자의 메시지 전달 효율성 즉 아이의 행동 개선 유발효과를 비교해 보면, 부모 잔소리는 아이의 반항심과 거부감을 불러일으키기에, 아이 행동 개선에 전혀 도움이 안 된다. 그만큼 비효율적인 말이다. 반면 부모 온소리는 아이의 공감과 협조를 불러일으켜 아이의 행동 개선에도 도움이 된다. 그만큼 효율적인 말이다.

위 내용들을 종합하면, 부모와 아이 서로 간의 소통, 관계, 행복에도 절대적으로 유리한 말이 부모 온소리임이 자동 증명된다.

부모가 잔소리를 할 때 아이가 하게 되는 생각

부모로부터 잔소리를 들으면, 아이는 과연 어떤 생각에 빠질까? 이에 대해 객관적인 사실을 밝히는 책이 있어 소개해본다.

미국의 심리학자 존 그레이 박사가 쓴《존 그레이 자녀교육법》을 보면, 부모 잔소리의 문제점을 노골적으로 지적하는 대목이 나온다.

'볼륨을 아주 높여 음악을 들으면 어떤 일이 벌어질까? 청력을 잃게 된다. 부모가 늘 고함을 지르거나 잔소리를 할 때에도 이와 같은 결과를 낳는다. 오늘날의 부모가 고함을 지른다면 예전과 전혀 다른 효과가 생길 것이다. 아이들은 귀를 막을 것이고, 부모의 말을 무시

할 것이다'

　부모의 습관적인 잔소리를 들으면 그 어떤 아이라도 인내심의 한계를 느낄 수밖에 없다. 이것이 부모 말을 무시하고 귓등으로 흘려듣게 만든다. 왜 이런 행동이 나올까? 아이 입장에서 보면 다음과 같은 생각을 할 수밖에 없기 때문이다.

　'지금 엄마(아빠)의 저 잔소리는 내 입장은 전혀 고려치 않고 하는 말이기에 도저히 받아들이기가 힘들어! 단지 엄마(아빠)라는 권위만을 앞세워 내가 세상에서 제일 듣기 싫어하는 말로 내 행동을 강제적으로 옥죄고 있을 뿐이라고!'

　이런 이유로 인해 아이의 행동은 더욱 엇나가게 된다. 하지만 아이의 이런 태도에 세상 어느 부모가 가만히 있겠는가? 당연히 부모 역시도 맞불을 놓으며 더 심한 잔소리로 응수하게 된다.
　이런 식이 돼 버리면, 부모와 아이 모두 불통과 불화라는 고지를 향해 접점 없는 평행선을 내달리는 형국이 되고 만다. 이런 부모 잔소리의 무용성(無用性)을 지적하는 이가 또 있다.

　철학자 기시미 이치로와 고가 후미타케의 공저《미움 받을 용기》를 보면, 노년의 철학자가 청년과 나누는 대화 중에 부모가 아이에게 야단치는 행동의 불필요함을 지적하는 대목이 나온다.

"만약 '야단친다'라는 방법이 교육상 효과가 있다면, 처음 몇 번 야단쳤을 때 문제 행동을 하는 일이 없어져야지, 그런데 왜 '늘' 야단치는 걸까? 이상하게 생각되지 않나? 그거야말로 '야단친다'라는 방법이 교육상 전혀 효과가 없다는, 움직일 수 없는 증거라네. "

당연히 여기서 '야단치다'라는 말과 '잔소리하다'라는 말은 의미상으로도 전혀 다른 말이 아니다. 왜 그럴까? 바로 다음과 같은 이유 때문이다.

위 대화문 중에서 '야단치다'라는 단어를 '잔소리하다'라는 단어로 대체해 다시 읽어보라. 문맥상 전혀 어색하지 않다. 즉 부모가 아이에게 야단치는 것과 잔소리하는 것은 아이로 하여금 똑같은 행동을 촉발시킨다.

물론 잘 알고 있다! 지금까지 잔소리 부모로 충실하게(?) 살아온 당신이 당장에 결심을 바꾼다고 해서, 하루아침에 온소리 부모가 되긴 어렵다는 사실을. 오랜 세월 동안 굳어버린 말 습관을 무너뜨리고 그 정반대의 말 습관을 세운다는 건, 사실상 다시금 굳은 의지에 따른 오랜 기간의 반복적인 행위가 요구된다. 그러면 이 문제에 대해 어떻게 접근하는 게 현명한 방법일까?

이에 대해 내가 해 줄 조언은 이렇다.

"큰 변화보다는 작은 변화를 우선해서 추구하라! 1미터의 행동
습관이 1밀리의 행동습관보다 훨씬 더 낫다고들 말한다. 하지만 그
것은 틀렸다! 왜 그럴까?

지금까지 우리가 체득해온 모든 행동습관은 애초엔 작고 사소한
1밀리의 행동에서 시작되었기 때문이다. 1미터의 행동부터 탐한다
는 건 욕심에 불과하다. 대신 당신이 사소하게 여겼던 1밀리의 행동
부터 적극적으로 익히려고 애써라. 바로 그것이 당신이 궁극적으로
바라던 1미터의 행동습관을 체득하는 순서다!"

마찬가지로 당신이 잔소리 습관을 버리고 온소리 습관을 새롭게
익히기 위해선 다음과 같은 전략이 도움이 된다.

바로 '야금야금 전략'이다. 즉 '날마다! 조금씩! 말 습관을 바꾸겠
다!'는 의지에 따라 점진적으로 온소리 습관을 강화시켜 나가는 것
이다. 이런 과정을 제대로 거칠 때 머지않아 당신도 온소리 부모로
우뚝 설 수 있다.

"모든 말은 그 말을 입에 담은 사람에게 되돌아간다"

- 에머슨

3-7. 공부 잔소리의 종식은 우리나라 부모들이 해야 할 가장 시급한 과제다

앞서 나는 우리나라 부모들의 공부 잔소리가 다른 나라 부모들과 비교해 봐도 훨씬 더 심각하다고 밝혔다. 그만큼 우리나라 부모들의 자녀 교육열이 뜨겁다는 걸 방증한다. 이에 대해 다시 정리하면 다음과 같다.

지금까지 우리는 내 아이가 '공부를 잘하는 게' '성공한 인생'의 첩경(좋은 성적(공부를 잘해야만)→ 좋은 대학→ 좋은 직장(좋은 직업) →사회적인 성공)으로 믿어왔다.

과연 기하급수적인 변화를 주요 특징으로 하는 4차 산업혁명 시대에도 똑같은 논리가 적용될 수 있을까? 솔직히 아닌 것 같다! 때문에 이에 대한 구체적인 근거와 대안책을 이쯤에서 함께 제시하는 것도 의미가 있다고 본다.

첫째. 우리나라 부모들이 그토록 집착해 온, 아이의 좋은 성적을 내기 위한 학교 공부 쪽은 이미 그 자체로 레드오션(Red Ocean)이 돼버린 지 오래다. 즉 좋은 직업(직장)을 갖는 게 사회적으로도 성공한 인생이라고 여기며 강조해온 아이의 학교 공부는 이제는 치열한 경쟁만 난무하는 곳일 뿐, 더 이상의 미래가 보이지 않는다. 그렇다면 앞으로 어떤 분야들이 유망할까?

갈수록 더 중요하게 부각되는 분야들이 분명히 있다. 가령, 창의성, 예술성, 감수성, 공감 능력, 소통능력, 역발상력 등을 꼽을 수 있다.

여기서 열거하는 특징들의 공통점이 있다. 바로 우리 인간이 지닌 고유 자질들을 확대시킨 능력들이라는 점이다. 절대 아이가 학교 공부만 잘해선 키우기 어렵다. 오히려 아이가 자발적으로 다양한 분야에 대한 왕성한 호기심을 갖고선 스스로 탐구노력을 기울여야만 발전시킬 수 있는 역량들이라고 볼 수 있다. 이런 자질들이 부각되는 핵심 이유는 과연 무엇일까?

바로 아직까지는 최첨단 기술을 업은 인공지능 기기들이 감히 접근하지 못하고 있다는 점이다. 이를 위해서도 내 아이에게 부모 간섭에서 자유로운, 다양한 공부 체험의 기회를 제공하는 게 부모들이 해야 할 역할이라고 본다.

둘째. 공부 잔소리에 주눅이 든 아이는 진짜 자신에게 필요한 공부 즉 세상 공부, 인간 공부, 심리 공부, 자연 공부 등과 같이 인간 본연의 존재가치를 지키는 데 꼭 필요한 공부조차도 등한시하게 만들 가능성이 높다.

지금의 아이들에게 요구되는 공부의 향방은 디지털 기술에 맞서는 공부가 아니다. 그것이 미치지 못하는 분야에 대한 공부, 다시 말해 그것을 보완하는 분야에 대한 공부다. 이런 실질적이고 실용적인 공부만이 4차 산업혁명 시대라는 숲에서 아이 자신이 미래를 향한 길을 잃지 않고, 스스로의 입지를 강화시킬 수 있는 희망의 빛이 될 것이디.

셋째. 부모의 공부 잔소리는 부모의 공부 온소리가 제공하는 많은 혜택들에 한참 미치지 못한다. 아이의 자기계발과 자아실현이라는 교육의 근본 목적을 달성하기 위해선 공부 잔소리와 같은 강압적인 말이 아닌, 공부 온소리와 같은 자율적인 말이 아이에게 절대적으로 필요하다. 이유가 있다.

부모로부터 공부 온소리를 들어온 아이는 공부에 대한 자긍심 또한 커질 수밖에 없다. 이것이 아이로 하여금 스스로의 진로개척에 도움이 되는 공부에 더 집중하게 만든다. 아이가 이런 태도를 갖도록 하는 게 우리 부모들이 해야 할 앞으로의 교육 과제다.

위 내용들을 종합해보면, 우리나라 부모들 입에 오랫동안 습관화된 공부 잔소리 역시도 이제는 확실하게 종지부를 찍어야 할 때에 다다랐다. 대신 부모들이 공부 온소리를 습관화시켜야 할 때다.

부모의 공부 온소리 습관이란 무슨 말인가?

'부모의 공부 온소리 습관'를 강조하니까, 도대체 이 말은 무슨 말인가? 라고 의문을 제기하는 이들이 보인다. 이에 대해 추가적인 설명을 하면 다음과 같다.

여기서 말하는 부모의 공부 온소리 습관이란, 학교 공부의 범위를 넘어선 넓은 의미의 공부를 아이에게 매진하게끔 도움을 주는 부모 말 습관을 뜻한다. 궁극적으로는 아이가 스스로의 미래 준비에 실질적인 도움이 되는 공부에 집중하게끔 하는 부모의 공감의 말 습관으로 볼 수 있다. 가령, 이런 식이다.

"00야! 네 꿈을 이루기 위해 네가 원하는 공부에 최선을 다하는 모습을 보니 엄마(아빠) 마음도 뿌듯하구나! 그런 노력에 지치지 말고 계속 잘 이어가길 바란다!"

"너의 미래에 도움이 되는 공부를 하는 게 결코 쉬운 건 아니란다! 그러니 차근차근 탑을 쌓는다는 심정으로 마음의 여유를 갖고선 장기적인 안목에서 접근하길 바란다. 그런 너의 노력에 엄마(아빠)는 늘 응원하고 있어!"

"중요한 건 지금처럼 하겠다는 네 의지에 따른 공부 노력이란다. 그것만 있으면, 분명히 좋은 결과를 얻을 수 있을 거라고 봐!"

"엄마(아빠) 역시도 네 꿈에 도움이 되는 공부가 중요하다고 생각해. 하지만 지금 당장의 결과에 연연하지 않았으면 좋겠어. 인생을 좀 더 길게 보면서 내가 하고 싶은 공부에 몰두하길 바란다!"

이런 공부 온소리를 부모로부터 들으면 아이는 어떤 심정이 될까? 적어도 부모가 자신이 주도적으로 하는 공부에 대해 충분히 공감하고 있구나 라는 호의직인 김징을 깇고신, 스스로의 공부 노력에 더 박차를 가하게 될 것이다. 부모의 공부 온소리습관은 아이가 스스로의 미래를 창조하는 공부에 대해 긍정적이고 적극적인 태도를 갖게끔 만든다. 바로 이것이 공부 잔소리 습관을 공부 온소리 습관으로 대체해야 할 이유다.

공부란 아이가 자발적으로 알아서 하는 것

그 어떤 공부를 하더라도 아이의 자발성이 제일 중요하다. 아이 인생이 아이의 것이듯, 아이의 공부도 아이에게 전적으로 맡겨라!

문제는 아이는 정작 공부가 싫은 데 부모가 우겨가면서 시키는 공부다. 이것은 역효과만 불러온다. 이런 식의 부모의 공부 강요는 부모도 스트레스지만 아이는 그보다 더 큰 스트레스를 받는다. 이것이 아이 스스로 해야 할 미래 준비에 필요한 공부조차도 등한시하게 만드는 원인이 될 수 있다.

우리가 곧 맞이할 미래는 지금까지 우리가 겪어왔던 변화의 수준을 훨씬 능가한다는 사실만으로도 미리 겁을 집어먹는 이들이 보인다. 그리고 이 때문에 부모들이 더 불안감을 느껴 아이에게 공부 잔소리로 더 닦달하고 있는 지도 모른다.

하지만 이는 부모의 과민한 반응일 뿐이다. 굳이 그럴 필요까지는 없다고 본다! 왜냐하면 우리 인간의 오랜 역사를 돌이켜보면, 그 어떤 위기상황 속에서도 인간이 늘 자발적이고 능동적으로 대처해왔기에, 그 모든 위기들을 무사히 넘어설 수 있었던 것이다.

마찬가지로, 지금 우리 앞에 닥친 4차 산업혁명시대라는 대변혁의 시대 역시도 우리가 지금부터라도 정신을 똑바로 차리고 제대로 대처한다면, 오히려 우리에게 값진 기회가 될 수 있다고 생각한다.

이런 현실 속에서 아이가 자기 자신의 미래를 준비하는 공부에 적극적으로 대처하게끔 만드는 게 부모들이 해야 할 일이다. 쉽게 말해, '아이로 하여금 장차 자신이 임하고 싶은 분야에 쓰일 자질을 계발하기 위한 공부에 적극적으로 뛰어들게 만드는 것!' 그를 위해서 '평소 그들에게 응원과 격려의 말인 공부 온소리를 습관화시키는 것!'

이 두 가지만 부모들이 신경 쓰면 된다고 생각한다!

"모든 교육은 감정적인 기반을 가지고 있다"

- 플라톤

내 아이
행복의

보증수표

내 아이
행복의
보증수표

4-1. 잔소리의 '잔' 자만 들어도 미치겠어요

"잔소리의 '잔'자만 들어도 미치겠어요!"

부모로부터 잔소리를 들으면, 이렇게 유독 예민하게 반응하는 아이들의 나이대가 있다.

바로 '10대 청소년 시기'다! 왜 이 나이대의 아이들이 부모 잔소리에 대해 더욱더 예민하게 반응할까? 일반적으로 10대 청소년 시기에 접어들면 눈에 띄게 달라지는 현상이 있다. 바로 '자신의 생각과 감정에 한결 더 충실해진다'는 점이다. 이를 한 전문가는 '개성화 과정'이라 부르기도 한다. 쉽게 말해 어린아이에서 성인으로 이행하는 과정에서 보이는 과도기적 특징으로 볼 수 있다.

10대 청소년들이 개성화 과정에서 보이는 특징들이 몇 가지 있는데, 나열하면 다음과 같다.

①자신의 정체성을 찾고 싶어 한다.

②개성을 찾아가는 과정은 반항하는 것처럼 보이기도 한다.

③몸과 마음에 엄청난 변화를 겪는다.

④가족보다 친구를 우위에 둔다.

⑤능력과 자율을 갈구하고 경험하려 한다.

⑥부모로부터 사생활을 지키려한다.

⑦10대 자녀는 부모를 당황시킨다.

⑧자신이 전지전능하다고 생각한다.

위 내용은 미국 교육학자 제인 넬슨의 책《긍정의 훈육》에서 인용한 것들이다.

10대 청소년시기의 이런 상대적 특징에 대해 우리나라 부모들이 특히 더 유념할 필요가 있다. 왜냐하면 우리나라 부모와 아이 간의 갈등이 최고조에 다다르는 시기가 바로 이때이기 때문이다. 그렇기에 아이 나이 대에 맞는 특징만 제대로 알아도, 아이와의 소모적인 갈등을 피할 수 있다.

이를 위해서 내 아이 나이 대에 맞춰, 부모의 관점을 약간씩 바꾸는 것도 좋은 방법이 된다. 그게 아니라면 부모 입에서 잔소리를 떨치기가 더더욱 힘들어진다. 그래서 아이의 잘못된 행동을 보면 그들 탓을 하면서 책임을 그들에게 돌리기에 급급해진다. 즉

'쟤가 어렸을 적엔 저렇지 않았는데 좀 더 나이를 먹더니만 왜 저렇게 행동할까?'
'나이가 좀 더 들더니만 성격이 더 까칠해진 것 같아!'

'질풍노도(疾風怒濤)의 시기'로도 불릴 만큼 10대 청소년 시기는 기성세대가 쌓아온 모든 걸 부정하려 든다. 그래서 "잔소리의 '잔'자만 들어도 미치겠어요!"라는 예민한 반응이 자연스럽게 튀어나오는 것이다.

모든 사람은 스스로의 선택에 의해 살아간다

우리나라 부모들만큼 아이에 대한 기대치가 높은 부모들도 없을 것이다. 하지만 기대치가 높으면 실망감 역시도 큰 법! 그런 탓에 아이 행동이 부모의 기대치에서 약간만 벗어나도, 부모 입에 잔소리가 자동적으로 올라온다. 이런 입장의 부모들에게 전해줄 말이 있다.

"모든 사람은 스스로의 선택에 의해 인생을 살아가는 것이다. 아

이도 마찬가지다. 그렇기에 부모의 잔소리는 아이의 선택에 그 어떤 영향력을 미치지 못한다. 특히나 그들 나이대가 10대 청소년기에 해당되면 부모는 말로 하는 간섭조차 피해야 한다!"

부모 인생과 아이 인생은 엄연히 구분되어야 마땅하다. 그래서 부모를 포함해 그 누구도 아이 인생에 개입하려 해서는 안 된다. 아이에게 일어나는 모든 일들은 아이가 전적으로 책임지도록 만들어야 한다. 그래야만 아이도 부모로부터 정신적으로 독립해, 스스로의 자립심을 기를 수 있다. 때문에 평소 부모가 아이에게 다음과 같이 미리 공언하는 것도 때론 필요한 일이다.

"내 인생과 네 인생은 다르단다! 그러니 오로지 네 선택에 의해 인생을 살아가길 바란다! 왜냐하면 네 인생의 주인은 다름아닌 '너 자신'이기 때문이야!"

이런 공언이 왜 필요할까? 부모 입장에서도 잔소리 습관을 떨칠 수 있는 심리적 배수진을 칠 수 있기 때문이다.

부모 온소리의 뿌리는 □□이다

'부모 온소리의 뿌리는 □□이다!'

빈칸에 들어갈 말은 과연 무엇일까?

그것은 바로 '사랑'이다! 그에 따라 '부모 온소리'는 '부모 사랑의 말'로 표현된다.

"왜 하필 '사랑'일까?"

궁극적으로 부모의 사랑만이 내 아이의 온갖 허물과 잘못, 과오를 너그럽게 용서하면서 포용할 수 있기 때문이다. 하지만 현실은 정반대다! 많은 부모들이 아이의 잘못된 행동을 보면 당장에 부정적인 생각과 감정을 앞세우며 그들 잘못을 들추어내기에 바쁘다. 이런 부모 태도에 대해 아이는 과연 어떤 반응을 보일까?

'(엄마(아빠)가) 굳이 저렇게 예민하게 반응할 필요가 없는 데도 괜스레 그런다!'며 볼멘소리를 하며 부모를 향해 반항심만 표출할 것이다! 이런 부모들에게 법륜 스님은 다음과 같이 조용히 타이른다.

"화가 난다는 건 누구 때문이 아니라, 내가 옳고 네가 틀렸다는 내 분별심 때문이라고 할 수 있습니다. 사사건건 옳고 그름을 가르려는 습관이 내 안의 도화선에 자꾸만 불을 댕기는 겁니다. 화낼 일이 아닌 데 내 기준에 맞지 않으니까 화가 나는 것뿐이에요."

스님의 책《법륜 스님의 행복》에 나오는 구절이다. 이 내용을 좀 더 살펴보자! 흔히 잔소리 부모들에게 자신들의 잔소리습관에 대해 문제를 제기하면, 다음과 같이 반응하는 경우가 허다하다.

"저는 그렇게 생각하지 않아요! 어떻게 아이가 바로 내 눈앞에서 잘못된 행동을 하고 있는데, 가만히 지켜보고 있으라는 거죠? 당장 잔소리를 해서라도 고치게 만드는 게 옳다고 봐요!"

사실상 이 말은 부모의 변명거리에 불과하다는 게 스님의 설명이다. 즉, 이미 그 일이 벌어지기 전에, '부모인 내가 옳고 아이인 네가 틀렸다'라는 부모 안의 분별심이 크게 작용한 탓에, 아이의 잘못된 행동을 보면 부모 입에 잔소리부터 올리게 된다는 것이다.

위 관점에 따르면, 부모의 잔소리는 아이를 위한 말이 아님이 자동 증명된다. 그럼 누굴 위한 말인가?

바로 부모 자신이다! 즉 아이의 잘못된 행동을 보면서 생긴 부모 안의 화나 실망감을 달래기 위해, 아이를 향해 말로 드는 회초리가 부모 잔소리라는 설명이다. 여기서 부모 잔소리의 추가적인 문제점이 여실히 드러난다!

지금 당신의 아이가 "잔소리의 '잔'자만 들어도 미치겠어요!"라는 말로 당신의 잔소리 습관에 과민하게 반응하고 있다면, 이미 그 말은 당신과 아이 모두에게 해악만 끼치는 말로 전락해 버렸다는 얘기다. 진정 당신이 아이와의 소통과 관계를 중요시 여긴다면, 이 문제를 더 이상 방관해서는 안 된다!

바야흐로 당신과 아이 간의 대화방식에서도 획기적인 변화가 요구된다!

우리나라 부모들의 고질병 중의 하나가 아이의 학업(學業)에 관해서는 매우 적극적인 데 반해, 아이의 인성과 배려심, 사회성이라는 전인적(全人的) 자질을 함양하는 교육에 대해선 매우 소극적이라는 점이다. 다시 말해, 대다수의 우리나라 부모들이 부모(父母) 노릇보다는 학부모(學父母) 노릇에 훨씬 더 큰 비중을 두고 있다!

'학부모(學父母)'라는 단어를 사전에서 찾아보면 '학생의 아버지나 어머니'라는 뜻으로 정의한다. 그렇다면 여기서 내가 주장하는 '학부모'와 '부모'의 차이점은 과연 무엇일까?

우선 학부모란 아이의 공부와 성적, 진학, 취업과 같이 아이 인생의 외적 조건에만 신경을 쓰는 부모를 이른다. 반면 부모란 아이가 건전한 정신의 성인으로 살아가는 데 필요한 인성이나 배려심, 공감력과 같이 전인적 자질의 함양에 신경을 쓰는 부모를 이른다.

이 시각에 따르면, 대한민국에는 학부모 역할을 자처하는 부모들은 꽤 있지만, 부모의 근본 역할에 충실한 부모들은 절대 부족하다. 이 또한 성적 지상주의 나라로 전락해버린 우리나라의 어두운 교육 현실을 반영한다.

나는 이 세상에서 학생과 학부모가 가장 불행한 곳이 우리나라라고 생각한다. 그만큼 아이가 학생이 되고 그에 따라 부모도 학부모가 되면, 아이의 학업 문제가 상시적인 일이 되고 만다. 때문에 아이 학업과 관련해 부모들이 감수해야 할 심리적, 물리적, 경제적 부담감 또한 적지 않다.

바로 이것이 지금 우리나라의 출산율이 0명대를 면치 못해, 세계 최저를 기록하는 주요 요인 중의 하나라고 본다. 때문에 아이 성적이 약간만 저조해도, 학부모 스트레스를 감당하지 못해 습관적인 공부잔소리를 내뱉게 된다. 이제라도 학부모라는 왜곡된 역할에서 벗어나 부모라는 근본 역할로의 회귀가 바람직하다.

당신은 학부모와 부모 중 어느 쪽에 속하는가?

만약 한 가정에 학부모 역할에만 충실한 부모만 있다면, 그 가정의 아이는 어떤 입장이 될까?

그곳에 사는 아이가 감당해야 할 공부스트레스도 이만저만 큰 것이 아닐 것이다. 반면 아이가 겪게 될, 삶의 고민이나 고통에 대해서 터놓고 대화할 어른들을 주위에 찾기란 힘들 것이다. 다시 말해, 아이 입장에서 경험하게 되는 삶의 고비순간마다 심리적으로나 정서적으로 의지할 어른이 그 주변에는 별로 없음을 뜻한다.

반대로, 한 가정에 부모의 근본 역할에 충실한 부모가 있으면 그 가정의 아이는 어떤 입장이 될까?

176

그곳에 사는 아이는 인생의 고비순간마다 터놓고 대화할 든든한 대화 창구가 마련된다. 즉 그들이 필요할 때마다 심리적, 정서적으로 의지할 수 있는 든든한 어른들이 그 주위에 존재한다는 뜻이다.

과연 위 둘 중 어느 쪽의 아이가 행복한 삶을 살아갈 수 있을까? 굳이 대답하지 않아도 충분히 짐작되지 않는가?

히라이 노부요시의 책《아이에게 맡겨라》를 보면, 이런 글이 있다.

'집은 단란해야 할 장소이며, 그 즐거움이 아이의 정서에는 중요한 영향을 미칩니다. 가정에 단란함이 결핍되면 사춘기가 되어서 쉽게 집을 떠날 수도 있습니다. 가출을 하거나 비행 청소년이 되는 것이죠.'

평소 부모와의 소통이 원활한 가정에 사는 아이에게 있어 집은 그야말로 있고 싶은 곳이 된다. 즉 그에게 집은 편안하고 안락한 보금자리가 된다. 이와는 반대로 평소 부모와의 소통이 어려운 가정에 사는 아이의 경우, 집은 그야말로 불편하기 짝이 없는 곳으로 전락하고 만다. 즉 그에게 집은 껄끄럽고 피곤한 장소가 된다. 이것이 아이를 집 밖으로 떠돌게 하는 직접적 원인으로 작용한다.

결국 부모와 아이와의 대화가 원활한지 여부에 따라서 아이에게 있어 집은 단란한 곳이 되기도 하고 그렇지 못한 곳이 되기도 한다. 단언컨대 부모 잔소리가 만연하는 곳에 사는 아이에게 있어 집은 틀림없이 후자의 장소가 된다는 사실이다. 그런 아이가 어떻게 행복한 인생을 영위할 수 있겠는가? 따라서 부모인 당신이 명심해야 할 사실은 바로 이것이다.

'지금 당신의 아이는 학부모보다 부모를 더 원하고 있다!'

"사랑은 가장 가까운 사람, 가족을 돌보는 것에서부터 시작된다"
- 마더 테레사

모든 인간이 공통적으로 바라는 인생의 최종 목표가 있다. 무엇이라고 생각하는가?

누누이 강조했듯이 '행복'일 것이다. 그렇기에 사람들마다 자신이 맡은 분야에서 최선을 다하며 살아가고 있는 것이다. 물론 성공을 바라는 것도 결과적으로 스스로가 행복해지기 위한 중간 과정으로 볼 수 있다.

그렇다면 과연 행복은 어디에서 오는 것일까? 이것을 밝히기에 앞서 '행복'의 정의부터 규명해보자. '행복'이라는 단어를 사전에선 이렇게 정의한다.

'생활에서 충분한 만족과 기쁨을 느껴서 흐뭇함'

이런 사전적 의미만을 고려하면, 내가 생각하고 있는 행복과 약간의 거리감을 느낀다. 그래서 내가 생각하고 있는 행복을 재정의해보면 이렇다!

'그 어떤 환경 속에서도 자기 자신의 생각과 감정을 늘 긍정적이고 충만하게 유지시킨 상태'

179

이런 시각에서 보면 행복도 일종의 능력이 된다. 그렇다면 여기서 또 다른 의문이 생긴다.

'과연 우리가 행복해지기 위해선 어떤 노력이 필요할까?' 다시 말해, '행복의 전제 조건은 과연 무엇인가?'

이에 대한 답을 구하기 위해선 앞서 질문한 행복이 어디에서부터 오는지에 대한 답을 먼저 구해야만 할 것 같다. 그렇다면 "행복은 과연 어디에서 오는 것일까?"

"그것은 바로 우리의 '내면'에서 온다!"

따라서 행복의 전제 조건도 다음과 같이 말할 수 있겠다.

"내면의 긍정성을 키우는 것!"

이렇게 나는 내가 생각하는 행복의 정의와 기원 및 조건에 대해 분명하게 밝힌다.

솔직히 내 아이의 행복을 바라지 않는 부모가 이 세상이 있을까? 당연히 없다고 본다. 따라서 세상의 모든 부모는 내 아이가 행복해지기를 분명히 열망한다고 결론지을 수 있다. 하지만 아이가 행복해지기를 원한다고 말하면서도 정작 부모 자신이 크게 놓치는 점이 있다.

바로 '부모 자신의 행복'이다. 부모가 행복해야 아이도 함께 행복해질 수 있다. 반대로 부모가 불행하면 아이 역시도 불행해질 수밖에 없는 노릇이다. 부모의 행복과 아이의 행복은 늘 궤를 같이한다.

결과적으로 내 아이의 행복을 진정으로 원한다면 부모 내면의 긍정성을 키우는 노력을 꾸준히 병행해야만 한다. 왜 이런 행동이 필요한가에 대한 근거를 밝히면 다음과 같다.

'내면의 긍정성이 강화되면 이것이 곧 외부의 부정적인 경험들에 대한 완충장치로 작용하기 때문이다. 즉 외부의 부정적인 경험들을 중화시키는 데 가장 큰 기여를 하는 게 내면의 긍정성이다'

그럼에도 불구하고 현실을 보면, 이런 사실을 외면하는 이들이 꽤 많다. 그런 그들은 스스로가 불행하게 된 건 자신에게 일어난 사건들 때문이라고 믿어 의심치 않는다. 그래서 이런 불평들을 늘어놓는다.

"그 일만 아니었어도 지금 내 인생이 이렇게 불행해지지는 않았을 거야!"

"우리 집이 가난하기 때문에, 내 인생도 더 이상 행복해지는 걸렀어!"

과연 그럴까?

그렇지 않다!

사실상 그들이 놓치고 있는 건 자기 자신의 내면의 긍정성을 키우는 일이다. 반면 평소 자신의 내면을 긍정적으로 키워온 이들의 경우, 자신에게 주어진 인생을 기꺼이 받아들이며 행복하게 살아갈 가능성이 높다. 그렇다면 내면의 긍정성을 키우기 위해선 어떤 구체적인 노력들을 해야만 할까?

가령, 긍정적인 대화습관, 긍정적인 사고 습관, 타인에 대한 배려 습관, 감사습관, 독서습관, 명상습관 등을 예로 들 수 있다.

마찬가지로 내 내면의 긍정성을 키우기 위한 나름의 비법이 있다. 만일 내게 예상치 못한 나쁜 일이 닥칠 경우, 일단 나는 그 일에 너무 매몰되지 않기 위해 애쓴다.

물론 처음에 그 일이 내게 닥치면, 내면의 평화를 지키기가 무척 힘든 것도 사실이다. 하지만 그 정도에서 '딱' 멈추려고 노력한다. 대신 나만의 메타 인지력과 회복탄력성을 발휘해, 다음과 같은 자기 대화로 바꿔본다.

"이보다 더 심각한 일이 벌어지지 않은 것만 해도 천만다행이야. 이 일을 좀 더 좋은 쪽으로 받아들이기 위해선 내가 어떤 노력들을 기울여야만 할까?"

"이번 사건을 통해서 내가 얻을 수 있는 인생의 교훈은 과연 무엇일까?"

"어차피 내게 일어날 수밖에 없는 일이라면 기꺼이 감수하자. 대신 그 일에 대한 내 관점을 어떻게 바꾸는 게 앞으로의 내 인생에 더 큰 도움이 될지를 생각해보자!"

이런 자기 대화를 거치면, 나의 내면에도 평화와 안식이 찾아온다. 심지어는 그 일을 통해서 소중한 삶의 교훈을 더 많이 얻었다는 고마움마저 느낀다. 이로써 지금의 내 인생도 충분히 행복하다고 확신하게 된다.

내 아이 행복의 보증수표

과연 내 아이 행복의 보증수표라는 게 있기는 한 걸까? 이에 대해 나는 당연히 있다고 주장한다. 그렇다면 그것은 무엇인가? 이 역시도 아이가 스스로의 내면의 긍정성을 키우는 것이다. 이를 꾸준히 해온 아이는 세상의 나쁜 경험이 닥쳐도 보다 더 여유 있고, 긍정적으로 받아들일 것이다. 때문에 아이가 자발적으로 자기 내면의 긍정성을 키우도록 노력을 기울이게끔 만드는 일이 우리 부모들이 해야 할 교육의 목표가 된다.

반면 부모 입장에서도 자제해야만 할 행동이 있다. 바로 아이 내면의 부정성을 키우는 잔소리습관이다. 긍정이 긍정을 강화시키고 부정이 부정을 강화시킨다는 사실을 고려하면, 부모가 아이에게 건네는 밝고 좋은 말 습관이 아이 내면의 긍정성 강화에도 큰 도움이 된다!

결국, 아이 스스로 행복해지기 위해 내면의 긍정성을 키우도록 최선의 노력을 다하도록 만드는 게 부모들이 해야 할 역할이다. 그를 위해서도 부모 온소리 습관은 무척이나 중요한 요소다. 이로써 내 아이 행복의 보증수표가 확보된다.

"아주 작은 긍정적인 생각만으로 당신의 하루 전체가 변화될 수도 있다는 것을 기억하라"

- 지그 지글러

4-4. 온소리 효과를 배가시키는 스킨십

'36.5℃'

우리 인간의 체온을 뜻한다. 하지만 이는 단순한 숫자가 아니다. 우리에겐 아주 중요한 의미를 지닌다.

예를 들어, 처음 만나는 사람들끼리 낯섬과 서먹함을 없애기 위해 악수나 포옹(서구의 경우)을 할 경우, 그런 어색한 감정도 한결 줄어들고, 상대에 대해서도 인간적인 정(人情)과 친밀감이 샘솟는다. 처음 만남에서 스킨십이라는 체온의 공유과정이 있느냐 없느냐에 따라서 첫인상이 달라진다. 물론 전자가 후자보다 상대에 대해 좀 더 호의적인 인상을 가질 가능성이 높다.

온소리 효과를 키워주는 스킨십

부모가 아이를 안아주거나 가벼운 신체 접촉을 하는 등의 일상적인 스킨십 습관이 있느냐 없느냐에 따라서 아이 역시도 부모에 대한 친밀감이 달라진다. 부모와 아이 사이에 말로 하는 대화도 중요하겠지만, 스킨십과 같이 몸으로 하는 대화 역시도 중요하다. 자명한 건 온소리에 스킨십이 가미되면 온소리 효과가 배가된다는 점이다.

내게도 대학생인 아들과 고등학생 딸이 있다. 어릴 적부터 아이들을 안아주거나 가벼운 볼 키스를 하는 등 스킨십을 자주 해왔다. 나는 아이들과 스킨십을 하는 게 좋다. 그들의 체취를 맡고 체온을 공유함으로써 부모, 자식 간에 정이 돈독해지는 걸 느낀다.

특히나 아이가 잘못을 했을 때, 무조건적인 잔소리는 되도록 피한다. 대신 그들에게 무엇을 잘못했는지 스스로 깨우칠 수 있도록 생각의 시간을 충분히 제공한다. 그런 뒤, 아이에게 자신의 행동에서 무엇이 잘못되었는지 되물으면, 아이는 정확하게 스스로의 문제 행동을 콕 집어낸다. 그러면 약간의 주의를 준 뒤, 자연스러운 대화를 통해서 서로의 불편한 감정을 털어내려 애쓴다. 물론 이게 끝이 아니다.

마지막에 가서는 아이와의 가벼운 포옹과 함께 "사랑한다!"는 말을 전하며 상황을 종료시킨다. 아이가 잘못을 할 때 나는 꼭 이런 과정을 거친다. 아이와의 서먹함을 일소시키고 서로의 관계가 돈독해지는 데 있어, 대화에 스킨십이 가미되면 그 효과가 2배로 상승한다는 걸 느낀다. 때문에 지금껏 살아오면서 아이 둘다 우리 부부의 속을 크게 썩힌 적이 별로 없다. 올바르게 자라온 그들에게 무척 고마움을 느낀다. 우리나라 부모들의 치명적인 단점이 있다.

'자식에 대한 사랑 표현이 서툴다는 점이다!'

반면 서양 부모들의 경우, 아이에게 항상 "I love you!"라는 말과 함께 가벼운 포옹이나 볼 키스를 자연스럽게 한다. 아이에게 말로 하는 사랑 표현이 좀 서툴다면 최소한 스킨십이라도 제대로 하면서 서로의 친밀감을 높이라고 권하고 싶다. 말로 하는 사랑 표현 못지않게, 몸으로 하는 사랑 표현 역시도 아이 입장에선 매우 중요한 부모 사랑의 징표가 된다고 생각한다. '표현되지 않은 사랑은 사랑이 아니다'라는 말도 있듯이, 스킨십은 부모가 아이 몸에 사랑의 증거를 직접 전달하는 행위와 다름없는 일이다.

현대인은 갈수록 스킨십에 인색해지고 있다.

요즘 들어 세상이 매우 각박하게 돌아가고 있다. 그 중심에 나는 스마트 폰을 지목한다. 왜냐하면 스마트 폰이 등장한 이후 지난 십 수 년 동안, 현대인의 일상의 모든 것들이 기하급수적으로 변했기 때문이다. 개 중에서 가장 두드러진 현상이 바로 사람들의 개인화가 숨 가쁘게 진행되고 있다는 사실이다.

하루 온 종일 스마트 폰을 손에 쥐고 다니면서 시선을 액정에만 고정시키다 보니, 요즘 사람들은 도무지 바로 옆에 있는 사람에게조차 전혀 관심을 보이지 않는다. 기기가 가져다 준 세상에 순응하다 보니 사람들은 갈수록 개인화되어가고, 심지어는 이기적인 행태까지 보인다. 사람과 사람 사이의 끈이 점점 더 느슨해지고 있음을 감지한다.

이런 현상을 더더욱 부채질하고 있는 게 바로 현재의 코로나 사태로 인한 비대면(非對面) 현상이다. 국가적 차원에서 사회적 거리두기를 엄밀하게 시행하다 보니, 사람들 간에 거리감도 갈수록 멀어지고 있는 실정이다. 매우 안타까운 일이 아닐 수 없다.

물론 이런 상황에서 아이와의 스킨십을 권장하는 내 주장에 대해 혹자는 분명 반대의 뜻을 내비칠지도 모르겠다. 물론 부모가 코로나 감염의 위험성을 갖고 있는 상황이라면 이야기가 달라지겠지만, 그게 아니라면 제아무리 코로나 시국이라 하더라도 부모가 아이에게 하는 스킨십은 무척 중요한 의미를 지닌다. 게다가 스마트 폰 사용 중독으로 인해 현대인의 개인화가 숨 가쁘게 진행되고 있는 지금의 상황에선 더더욱 그러하다.

사람과 사람 간의 스킨십 부족 현상을 불식시키기 위해 포옹을 공식화시킨 날이 있다.

바로 '12월 14일'이다.

일명 '허그 데이(hug day)'라고도 부르는 이 날 동안 스킨십의 최고봉인 허그 즉 포옹이 적극적으로 권장된다. 연인이나 친구, 가족 등 주변 사람들은 물론, 잘 모르는 사람끼리도 포옹이 자연스럽게 허용되는 날이다. 포옹의 실제 효과를 잠시 알아봤는데, 효과가 굉장했다. 내용은 다음과 같다.

①심혈관 질환이 예방된다.
②바이러스 감염확률이 낮아진다.
③우울증이 완화된다.
④특히나 아이들의 경우 성격이 좋아지고 지능향상 효과가
　탁월하다고 한다.
⑤정서적 치유 효과 발생

위 결과는 이미 의학적으로도 증명된 사실들이라고 한다.

내 아이의 정신 및 정서, 신체 건강 모든 면에서 좋은, 포옹과 같은 스킨십을 부모가 굳이 꺼릴 필요가 있을까? 더욱이 바이러스의 감염확률이 낮아 질만큼 면역력이 강화된다는 사실이 인상적이다. 이것을 한다고 해서 돈이 많이 드는 것도 아니요, 시간이 많이 드는 것도 아니다. 오히려 부모의 스킨십은 아이의 신체 건강은 물론, 정서 안정과 심리발달에도 상당한 도움이 된다는 사실을 고려하면, 아이와의 스킨십을 습관화하는 건 부모로서 당연한 일이다.

심리상담 전문가인 선 안남 씨의 책《명륜동 행복한 상담실》을 보면, 이런 내용이 나온다.

'좋은 부모란 완벽하고 이상적인 행동을 하는 부모가 아닌 해로운 행동을 안 하는 부모라고 할 수 있습니다. 꼭 좋은 행동만 한다고 좋은 부모가 아닙니다. 단지 해로운 행동을 안 하는 것만으로 좋은 부모가 될 수 있습니다. 그래서 아동 심리학자인 도날드 위니컷도 '충분히 좋은 부모'라는 개념을 내놓은 바 있습니다. 어느 정도 결핍이 있고 인간적인 한계와 결함이 있어도, 완벽하지 않아도, 그 자체로 충분한 것입니다.

충분히 좋은 부모는 실수를 해도 그 실수를 인정하고 사과하며 만회할 기회를 찾습니다. 완벽하지 않은 세상에 살고 있는 완벽하지 않은 부모이고 그 밑에서 자라는 자녀 역시 완벽할 수 없지만, 그 불안전성이 우리를 인간답게 만들고 자신과 타인의 허물을 있는 그대로 받아들이며 끊임없이 성장을 열망하는 존재로 만듭니다.'

마찬가지로 아이의 건강한 성장을 위해서 부모 입장에서 염두에 두어야 할 사실이 하나 더 있다.

'아이의 올바른 성장을 위해 부모의 좋은 행동이 많으면 많을수록 좋다는 '다다익선(多多益善)'도 중요하지만, 부모의 나쁜 행동 역시도 적으면 적을수록 좋다는 '소소익선(少少益善)'역시도 간과해서는 안 된다'는 점이다.

분명한 건 부모의 스킨십은 아이에게 이로움을 제공하지만, 부모의 잔소리는 아이에게 해로움을 제공한다는 점이다. 아이의 잘못된 행동을 보고선, 무작정 당신의 입부터 반사적으로 움찔거리지 말고 일단 거기서 멈춰라. 대신 아이에게 당신의 사랑을 듬뿍 담은 스킨십을 자연스럽게 해보라. 그러면 당신도 잔소리 욕구가 무척이나 부질없는 짓임을 비로소 깨닫게 될 것이다.

"인생에서 최고의 행복은 우리가 사랑받고 있다는 확신이다"
- 빅토르 위고

4-5. 감정, 터뜨리지 말고 말로 표현하라

한국인의 주요 성격적 특징을 나타내는 단어가 있다. 바로 '다혈질(多血質)'이다. 뜻은 '성격이 급하고 참지 못해 감정을 터뜨리는 기질이 강하다'이다. 이를 좋게 표현하면 열정적이고 적극적이라는 거고, 나쁘게 표현하면 인내력이 부족해 도무지 종잡을 수 없다는 의미다.

다혈질인(人) 주위 사람들은 늘 불안하다. 언제 또 그가 결정적인 한 방(?)을 터뜨릴지 모르기 때문이다. 갑작스레 '필(feel)'을 받으면, 감정이 잔뜩 실린 말을 쏟아내며 주변인들을 괴롭힌다. 문제는 잔소리 부모 중 상당수가 이런 성격적 특징을 보인다는 점이다.

감정 폭탄의 후유증은 크고 오래간다

다혈질인의 종잡을 수 없는 감정 터뜨림으로 인해, 주변인들이 입는 피해가 이만저만이 큰 것이 아니다. 그만큼 다혈질인의 감정 터뜨림은 가까운 사람들에게 많은 피해를 입힐 뿐만 아니라 후유증 또한 오래간다. 감정 터뜨림도 일종의 습관이다. 한 번 그것을 터뜨릴 요량을 하면, 그 이후부터는 자동 모드다. 게다가 횟수는 갈수록 증가한다. 이른바 '감정 터뜨림 가증(加增)의 법칙'이 작용한다.

자명한 건 감정이라는 건 절대 터뜨리라고 있는 게 아니다. 그럴수록 좀 더 이성적으로 대처하려 노력해야 하며, 감정을 터뜨리는 대신 말로 충분하게 표현함으로써, 상대방을 이해시키고 납득시키고자 하는 대화습관을 기르는 게 좋다. 다혈질인들에게 하나 묻겠다.

"당신이 지금껏 수도 없이 감정을 터뜨려 왔건만, 과연 그 행위가 상황을 개선시키는 데 실질적인 도움이 된 적이 한 번이라도 있는가?"

이에 대해서 "그렇다!"라고 확실하게 답할 수 있는 이들이 과연 몇 명이 나올지 몹시 궁금하다. 아마도 드물 것 같다!

솔직하게 말해 다혈질 기질은 당사자가 가장 큰 피해를 본다. 감정 터뜨림이 잦을수록 오히려 그 결과는 당사자가 본래 기대한 방향과 엉뚱하게 흘러갈 공산이 커진다. 심지어는 상반된 결과가 초래되는 경우도 다반사다. 물론 이게 끝이 아니다.

다혈질인 입장에서도 스스로의 감정적 무게를 못 이겨 대책 없이 감정을 터뜨렸지만, 얼마 못 가서 곧 후회 모드로 돌변하게 된다는 사실이다. 하지만 때는 이미 늦었다. 그 자신의 감정 폭발로 인해 주변인들은 이미 마음의 상처를 깊이 입을 만큼 입었기 때문에, 이것이 도리어 다혈질인을 향해 등을 돌리게 만드는 직접적인 계기가 되고 만다.

흔히 다혈질인들이 주로 하는 공통적인 변명이 있다.

"난, 뒤끝이 없다!"

물론 이 말 역시도 순전한 자기합리화에 불과하다. 이런 변명을 구차하게 할 바에 차라리 자신의 감정을 통제하기 위한 자제력을 길러, 애초부터 감정을 터뜨리지 않는 게 상책(上策)이다. 이것이 주변인들은 물론, 다혈질인 자신에게도 유리한 현명한 태도가 된다.

잔소리 부모에 대한 감정코칭

그 어떤 상황이든지 간에 감정이 일단 개입되면, 상황이 최악으로 번질 우려가 높다. 즉 악감정이 실린 대화는 대화 당사자 간의 부정적인 감정의 증폭만 불러와 말다툼이나 싸움으로 번지게 해, 관계의 파국을 불러올 가능성이 한층 높아진다. 그렇다면 아이의 잘못된 행동을 보면 순식간에 터지려하는 감정에 대해 어떻게 대처하는 게 가장 좋을까?

이 문제의 해결에 도움이 되는 몇 가지 팁이 있다.

첫째, '장소 이탈법'이다.

아이의 잘못된 행동을 보면 잔소리 부모의 경우, 화나 짜증, 신경질 등과 같은 부정적인 감정에 순식간에 휩싸인다. 이때 모든 걸 잠시 멈춘 뒤, 우선은 아이와 함께 있는 장소에서 벗어나라. 그런 뒤 감정이 안정되면 아이와 다시 만나 대화를 재개하는 방법이다.

둘째, '숫자 세기'다.

부정적인 감정이 갑자기 솟구치면 절대 가만히 있지 말고, 계속해서 속으로 숫자를 세라. 그러면 감정의 격랑도 서서히 줄어들 것이다. 그렇게 감정이 일정 정도 안정되면 대화를 재개하는 방법이다.

마지막으로, '내 감정 흐름을 관찰하기'다.

내 감정 흐름을 마치 타인의 그것을 바라보듯 무심하게 바라보는 방법이 있다. 이는 마치 TV 드라마 속의 한 장면과도 같다. 주인공의 감정 흐름을 객관적으로 지켜보듯이, 내 감정 흐름을 이성적이고 냉정하게 바라보는 방법이다. 그렇게 감정이 잦아들면 대화를 재개하면 된다.

위 세 가지 방법 중 하나라도 제대로 터득해 당신의 필살기로 삼아보라. 그러면 아이와의 대화를 통한 소통에 상당한 도움이 될 것이다.

하지만 현실은 이와 같지 않다. 대부분의 잔소리 부모들이 스스로의 감정을 다루는 데 무척이나 서툴다. 그들은 감정이 솟구치면 일딘 터뜨리는 데 익숙해져 있다. 진소리를 할 수밖에 없는 상황을 부모 스스로가 불러오고 있는 셈이다. 이런 습관적인 행동만 고쳐도 당신의 대화 기술이 일취월장(日就月將)된다.

감정을 어이할꼬

자기 자신의 감정만 잘 다루어도 타인과의 갈등의 9할을 줄일 수 있다. 사람과 사람 사이에 일어나는 많은 문제들이 서로 간의 감정적 대치로 인해 발생한다. 감정, 터뜨리지 말고 말로 표현하는 게, 감정을 제일 잘 다루는 방법이다!

"지금 당신은 통제 불능의 감정에 대해 어떻게 대처하고 있는가?"

안타깝게도 절대 대수의 부모들이 스스로의 감정을 적절하게 처리하는 방법을 제대로 배우지 못했다. 각자가 알아서 그에 대처하도록 거의 방치되다시피 해왔다. 하지만 더 이상 이래선 안 된다! 왜 그럴까?

내 감정 폭발로 인해 나와 내 주변인, 특히 내 아이가 입는 피해가 막대하다는 사실을 고려하면, 스스로의 감정을 다루는 기술을 익히는 건 부모로선 매우 중요한 일이다.

"감정, 터뜨리지 말고 말로 표현하라!"

이 말을 늘 명심하면서 아이와의 대화에 임한다면, 당신의 대화 스킬도 한결 더 좋아질 것이다!

"화가 치밀어 오를 때 그 결과를 생각하라"

- 공자

4-6. 고정형 사고방식의 부모 VS 성장형 사고방식의 부모

미국의 지명한 심리학지 케를 드엑 박사는 오랜 세월동안 학생들의 동기와 성취의 연관성에 관해 집중적인 연구를 해왔다. 그 결과 대부분의 학생들이 크게 두 가지 사고방식으로 구분된다는 사실을 밝혀냈다.

즉 '고정형 사고방식'과 '성장형 사고방식'이다. 고정형 사고방식의 학생들은 '개개인의 지능과 성격은 타고나기 때문에 절대로 고칠 수 없다고 보는 사고방식'을 견지한다. 반대로, 성장형 사고방식의 학생들은 '개개인의 지능과 성격은 의지와 노력만으로도 충분히 바뀔 수 있다고 보는 사고방식'을 견지한다. 물론 이는 학생들에만 국한된 얘기가 아니다. 부모들도 마찬가지다.

정작 문제는 잔소리 부모들 중 상당수가 고정형 사고방식에서 벗어나지 못한다는 점이다. 그래서 그들은 아이가 문제 행동을 일으키면, 아이의 행동 개선 가능성에 대해선 눈을 감아버린다. 그래서 잔소리를 늘어놓게 된다. 반면 성장형 사고방식의 부모는 다르다. 그들은 아이가 문제 행동을 일으키면 앞으로 충분히 더 개선될 수 있다는 가능성에 집중한다. 그래서 온소리를 습관화할 가능성이 높다.

부모가 어떤 사고방식을 지향하느냐 하는 문제는 부모 자신은 물론, 아이에게도 중차대한 사안이다. 즉 아이의 사고방식 형성에도 적지 않은 영향을 끼친다. 물론 내가 강조하는 사고방식은 '성장형 사고방식'이다.

앞서 나는 긍정적인 사고방식이 개개인의 행복에도 도움이 된다고 강조했다. 여기서 말하는 긍정적 사고방식 역시도 성장형 사고방식과 같은 범주에 속한다. 부모가 성장형 사고방식을 고수하면, 아이 역시도 성장형 사고방식을 고수할 가능성이 높다. 그 반대도 마찬가지다. 부모의 사고방식이 곧 아이의 사고방식의 토대가 되는 것이다. 아이가 고정형 사고방식이 아닌 성장형 사고방식을 갖도록 하는 게, 그들의 성장과 발전에 더 유리하다는 사실을 잊지 말라. 그를 위해서 평소 부모가 먼저 성장형 사고방식을 지향할 필요가 있다! 다행스러운 건, 사고방식조차도 개개인의 노력에 의해 충분히 바뀐다는 사실이다.

대한민국 초대 국무총리였던 장택상 씨의 딸이자, 아이 셋 모두를 美 명문대를 거쳐 국제변호사와 최고경영자로 길러낸 장병혜 박사님! 그녀의 책《아이는 99% 엄마의 노력으로 완성 된다》를 보면, 이런 내용이 나온다.

'아이를 완성시키는 마지막 1%는 아이가 본래부터 가지고 있었던 가능성의 씨앗이다. 그리고 엄마의 노력 99%는 결국 이 1%의 가능성을 담은 씨앗에서 싹이 트고 꽃이 피어 열매가 맺도록 하기 위한 것이다. 그렇다면 이 1%의 가능성을 발견하고 끄집어내려면 어떻게 해야 하냐고 묻고 싶은 엄마들이 많을 것이다. 그 방법은 의외로 간단하다. 아무것도 하지 않으면 된다.'

물론 여기서 강조하는 핵심은 부모가 아이 일에 일절 개입하지 말고 수수방관하라는 얘기가 아니다. 그보다는 아이가 주도적으로 살아갈 수 있도록 부모의 간섭과 개입을 최소화해, 그들의 자율성을 최대로 키워주라는 뜻으로 해석된다. 사실상 아이가 지닌 마지막 1퍼센트의 가능성이라는 씨앗을 활짝 꽃피게 만드는 것도 부모가 성장형 사고방식을 견지할 때 가능한 일이다.

부모 시각이 '내 아이는 잘 할 수 있어!'와 '내 아이는 잘 할 수 없어!' 중 어느 쪽에 초점을 두느냐에 따라서, 부모의 대화 내용이 달라진다. 아이가 일신우일신(日新又日新) 즉 날마다 점점 더 나아지기 위해 노력하는 존재로 키우기 위해선, 부모의 사고방식으로부터 점검해봐야 한다.

우리네 인생은 그 자체로 불모지(不毛地)와도 같다. 개개인의 의지와 노력이 뒤따르지 않으면 절대 인생이란 텃밭을 비옥하게 일

구기가 어렵다. 아무리 노력해도 더 이상의 발전이 없다고 보는 사람과 그렇지 않다고 보는 사람의 운명이 어찌 같을 수가 있겠는가?

교육학자 루소는 자신의 유명한 책《에밀》에서 다음과 같이 일갈한다.

"교육에서 부모의 역할은 분모, 아이의 역할은 분자여야 한다"

무슨 뜻일까? 곧 이렇게 풀이할 수 있겠다!
부모의 역할이 분모가 된다는 건 바로 아이의 역할인 분자가 최대치가 될 수 있도록, 평소 부모 역할을 최소화시키라는 의미로 이해된다. 왜 그럴까?
왜냐하면 부모의 개입이나 간섭이 최소화될 때 앞서도 강조했듯, 아이 역시도 자신이 이룰 수 있는 최고의 위치에 당도할 수 있기 때문이다.

우리를 둘러싼 모든 것들이 변화한다. 때문에 변화는 우리 인간이 궁극적으로 추구해야 할 절대 가치다. 변화를 거부하는 이들은 필연적으로 도태의 길을 걸을 수밖에 없다. 이는 인간의 역사를 통틀어 수도 없이 증명된 진리나 다름없는 사실이다.
역사적으로 위대한 인물들 역시도 현재에의 안주(安住)를 단호히 거부하며 변화를 꿈꿔온 이들이었다. 단 한 번뿐인 인생을 무의미하고 무가치하게 살면서 도태의 길을 걷기를 바라는 사람은 단 한 명도 없을 것이다. 그렇다면 답은 이미 나와 있지 않는가?

내 아이가 변화 즉 성장과 발전에 집중하도록 하는 성장형 사고방식을 견지하도록 부모의 언어 환경부터 긍정적으로 바꿔라!

"잔소리 말고 온소리를 습관화하라!"

"껍질을 보지 말라. 안에 들어있는 것을 보라"

- 탈무드

온소리로
온 가정이 행복해지는,

그날까지

온소리로
온 가정이 행복해지는
그날까지

5-1. 부모가 갖추어야 할 두 가지 격

어릴 때 같은 동네에 사는 '정환'이라는 애가 살고 있었다. 나보다 두 살 아래인 그는 평소 말이 별로 없고 얌전했다. 정환이 아래에 남동생이 하나 있었는데, 그 애 역시도 형과 비슷한 성격이었다.

당시 정환이 부모님은 시장에서 장사를 하는 분들이었는데, 부부 모두 신앙심이 깊은 독실한 종교 신자였다. 그 때문인지 애들이 항상 나쁜 길로 들어서지 않도록 매우 엄하게 길렀다.

하루는 그 해 들어 가장 추운 겨울날이었다. 정환이와 동생이 벌거숭이인 채로 집 밖으로 쫓겨났다. 오들오들 떨면서 햇볕이 드는 담벼락 아래서 형제가 서로 부둥켜안고 있었다. 영하(零下)의 기온임에도 불구하고 정환이 부모님은 아이들이 잘못을 저질렀다는 이유만으로, 가차 없이 발가벗겨 밖으로 쫓아냈던 것이다.

그 장면이 내게는 너무나 충격적이어서 지금도 내 기억에 생생하게 남아있다. 그만큼 정환이 부모님은 아이들이 조금이라도 어긋난 행동을 하면 참는 법이 거의 없었다. 심한 욕설과 함께 응분의 대가를 치르는 게 마땅하다고 생각했다.

형제가 그렇게 당하는 모습을 보면서 나는 어린 마음에도 '저건 너무 심한데...'라는 생각을 매번 했던 기억이 난다. 부모의 무자비한 말과 거친 행동에 기가 눌려, 정환이와 동생은 항상 부모님 눈치를 살피기 바빴고, 아이로서의 활달한 모습을 전혀 찾아볼 수가 없었다.

이런 기억을 상기시킬 때마다 나는 부모가 갖추어야 할 두 가지 격(格)이 필요하다고 생각한다. 그것은 바로 '인격(人格)'과 '언격(言格)'이다! '인격(人格)'이란 '인간내면의 품격'을 뜻하고, '언격(言格)'은 '말의 품격'을 뜻한다.

두 가지 격을 키우려면 어떻게 해야만 할까

'그렇다면 이 두 가지 격을 키우기 위해선 과연 어떤 노력들이 요구될까?'

이에 대한 방법을 알아보기에 앞서, 인격과 언격의 상관관계부터 밝혀두는 게 순서일 것 같다. 무엇보다도 언격을 키우기 위해선 인격이 뒷받침되어야 한다. 언격은 인격에서 나온다. 그렇기에 부모 입장에서도 인격을 함양히기 위한 매사의 노력이 필요하다. 가령, 다음과 같은 방법들이 도움이 될 것이다.

첫째. 부모의 긍정적인 사고방식이 요구된다.

이를 위해 외부 상황에 휘둘리지 않고 부모의 생각을 긍정적으로 유지시키는 힘이 강해야 한다. 그 이유에 관해선 다음 글을 읽어 보면 알 수 있다.

'인격을 갈고 닦으려면 우선 다른 사람들에게 올바로 행동해야 한다. 그들에게 선한 사람이 되고자 노력하는 행동이 쌓여 훌륭한 인격이 우러난다.
단지 좋은 평판을 위해 다른 사람을 위하는 것은 이기적인 행동이며, 이것으로는 아무 것도 얻을 수 없다'

이 글은 미국의 28대 대통령 우드로 윌슨의 글,<인격은 저절로 빛나는 것>의 내용이다. 글에서 우리가 눈여겨봐야 할 핵심 문장은 바로 '그들(다른 사람들)에게 선(善)한 사람이 되고자 노력하는 행동이 쌓여 인격이 우러난다'라는 대목이다. 여기서 '선한 사람'이란 무엇을 의미할까? 곧 이렇게 풀이할 수 있지 않을까?

바로 '긍정적인 사람'이라고 볼 수 있다. 이를 부모와 아이 관계에 적용해보면, 부모가 아이의 그 어떤 행동조차도 이해하고 공감하는 태도 즉 긍정적 사고방식을 갖추는 게 매우 중요하다. 이런 입장이 될 때 부모의 인격도 빛이 난다.

둘째. 평생 학습을 하라.

이와 관련해 독서만큼 좋은 학습법은 없다고 본다. 독서가 무엇인가? 책을 통해서 작가의 훌륭한 인생철학을 직접 배울 수 있는 최고의 학습방법이다. 그로써 우리 생각의 저변이 확대되고 의식 수준 또한 올라간다. 이는 인격 함양에도 큰 도움이 된다. 이와 관련해 내 개인적인 경험이 이해하는 데 도움이 될 것 같다.

내가 본격적으로 독서를 하게 된 건 15년 전 아버지의 갑작스런 죽음이었다! 그 후 3년 간을 우울증과 불면증으로 고생을 해야만 했다. 당시는 너무나 힘들어 도저히 정상적인 생활을 할 수가 없었다. 내 일상생활을 되찾기 위해선 그 어떤 시도라도 할 수밖에 없었다. 일종의 생존을 위한 몸부림으로 볼 수 있다.

그런 와중에 하루는, 아내를 통해 책 한 권을 소개받았고, 그 책을 필두로 독서습관을 본격적으로 기를 수 있었다. 그에 따라 암울했던 내 생각에도 서광(瑞光)이 비쳤고, 내게 닥친 불행을 바라보는 시각도 완전히 바꿀 수 있었다. 독서를 통한 지식의 축적은 지혜로 거듭났고 이것이 내 인격 향상에도 상당한 도움이 됐다고 자부한다.

셋째. 공감 능력을 키워라.

부모가 잔소리와 같이 전혀 소통하기 어려운 말을 쏟아내는 이유는 아이에 대한 공감능력이 부족하기 때문이다. 이와 반대로 부모의 공감 능력이 좋아지면, 아이의 그 어떤 행동이라도 이해하고 받아들일 수 있다. 이 때 공감력이 부모의 인격 향상의 토대가 된다.

위에서 제시한 세 가지 방법들이 부모의 인격 함양에 도움이 되는 구체적인 예시들이다. 이 말고도 부모 입장에서 개별적으로 실천할 수 있는 방법들을 강구해보는 것도 권장할만한 일이다.

나는 아이에게 어떤 존재로 인식될까

우리나라 부모들 중 상당수가 아이에게 어떤 존재로 인식되는지에 관해 별 관심을 보이지 않는다는 생각을 할 때가 종종 있다. 대개의 부모들은 단순히 아이가 나쁜 길로 들어서지 않도록 하는, 아이 인생의 개입자 내지 간섭자와 같은 부정적인 역할자로 머무르는 데 거친다. 하지만 이는 바람직하지 않다.

무릇 부모란 아이가 올바른 길을 걸어가도록 최대한의 믿음과 관심을 갖고, 그들이 그릇된 길로 빠지려 할 때마다 올바른 길로 유도하는 적극적인 산파(産婆)역을 자처해야 한다. 이를 고려하면, 아이에게 있어 최고의 인생 멘토는 바로 부모라고 볼 수 있다! 왜 그럴까?

부모만큼 아이가 처한 상황을 제대로 알고 있고, 그에 알맞게 대처할 수 있는 위치에 있는 어른들도 없기 때문이다. 그렇기에 부모가 아이 인생의 멘토가 된다면 아이 입장에서도 더할 나위 없는 인생의 조력자가 생기는 셈이다. 이와는 반대로 부모가 아이 일에 잘못된 접근을 하면 최악의 인생 멘토로 전락할 수도 있음을 직시하라.

올해 정환이 나이도 50대에 접어들었을 것이다. 지금 어떻게 살아가고 있는지 상당히 궁금하다. 혹시라도 스스로의 어린 시절 부모로부터 받은 깊은 마음의 상처로 인해 아직도 그 고통에서 벗어나지 못한 채, 힘겹게 살아가고 있는 건 아닌지 우려스럽다.

부디 그런 일이 없기를 기원한다! 대신 정환이 스스로가 과거의 그런 나쁜 경험들을 반면교사(反面敎師) 삼아, 그 자신의 인격과 언격을 드높이는 적극적인 기회로 삼았기를 바란다. 부모의 인격과 언격만큼 아이 인생을 행복하게 데우는 은은한 군불도 없다!

"훌륭한 부모의 슬하에 있다면, 사랑에 넘치는 체험을 할 수 있다.
그것은 먼 훗날 노년이 되더라도 없어지지 않는다"

- 베토벤

5-2. 평생 행복의 기초 체력을 다질 수 있는 골든 타임

기초체력의 중요성을 강조하는 경우가 많다. 운동선수의 경우, 기초체력이 부족하면 제아무리 개인적 기량이 뛰어나도 경기에서 좋은 성적을 거두기 힘들다. 마찬가지로 행복에도 기초체력이란 게 있다. 이것이 제대로 뒷받침되어야만 갑작스레 닥치는 삶의 고난이나 위기 순간마다 '한 방에' 무너지는 걸 방지할 수 있다. 그렇다면 '행복의 기초체력'이라는 게 과연 무엇일까? 이는 곧 외부 상황에 휘둘리지 않고 스스로의 행복을 지키는 힘을 뜻한다. 또한 이것을 제대로 키울 수 있는 가장 좋은 시기 즉 골든타임이 정해져 있다. 과연 언제일까?

바로 '어린 시절'이다!

이 시기에 되도록 아이에게 칭찬과 격려, 응원 등과 같은 좋은 말을 부모가 많이 하라는 것도 다 이런 이유 때문이다. 부모로부터 긍정적인 메시지를 꾸준히 들어온 아이는 평생 행복의 기초체력을 다질 수 있는 기회를 야무지게 잡을 수 있다. 왜 그럴까?

평소 부모와 해온 긍정적인 대화내용들이 아이의 정서와 심리 형성에 크게 기여해, 이것이 그들 평생 행복의 기초체력의 강화로 이어지기 때문이다. 반대로 부모로부터 잔소리 등과 같은 부정적인 말을 꾸준히 들어온 아이는 정서적, 심리적 불안감이 커지면서 평생 행복의 기초 체력도 약화되기 마련이다.

개개인의 사람마다 내면에 거울이 하나씩 있다

'개개인의 사람마다 내면에 거울이 하나씩 있다!' 이것이 하는 주요역할은 무엇일까?

바로 그 속에는 당사자가 그동안 가장 많이 들어온 말의 빛깔이 투영돼 있다. 거기서 나오는 빛이 밝은 빛이라면 당사자가 그동안 가장 많이 들어온 말이 긍정적임을 뜻한다. 반대로 거기서 나오는 빛이 어두운 빛이라면 당사자가 그동안 가장 많이 들어온 말이 부정적임을 뜻한다. 그렇다면 "지금 당신 아이 내면에 있는 거울은 과연 어떤 빛을 띨까?" "밝은 빛일까? 아니면 어두운 빛일까?"

만약 후자에 가까울 거라고 여겨진다면, 당신의 일상화된 말버릇이 그만큼 부정적이었다는 뜻이다. 이를 그대로 방치해서는 안 된다! 왜냐하면 이 또한 아이 평생 행복의 기초체력을 약화시키는 결정적 이유가 되기 때문이다. 다시 말해 그들 스스로 평생 행복의 기초체력을 다질 수 있는 골든타임을 놓치게 만든다.

'행복이란 마냥 내세 주어시는 것!'니라고 생긱하는 이들이 직지 않다. 그래서일까? 그들은 스스로의 행복에 대해서도 소극적인 태도를 보인다. 심지어 행복을 숙명(宿命)이라고 생각해 이런 말을 내뱉기도 한다.

"행복을 위해 내가 할 수 있는 게 뭐가 있겠어! 다 부질없는 짓이야"
"내 행복이란 어디까지나 피동형이지 능동형이 아니라고!"

이런 생각에 갇히게 되면, 그들 인생도 외부의 부정적인 사건들에 의해 걷잡을 수 없이 휘둘리고 만다. 하지만 사실상 그들은 틀렸다! 행복 역시도 우리의 선택에 의한 결과물이기 때문이다. 쉽게 말해 행복은 개개인이 창조해나가는 것이다. 이에 대한 이해를 돕기 위한 근거를 제시하면 다음과 같다.

예를 들어, 현재 어떤 불행한 사건으로 인해 내 삶이 크게 요동치고 있다고 가정해보자. 이때 그 상황을 그대로 내면화하면, 당연히 "나는 불행하다!"라고 말할 것이다. 이와는 반대로, 그럴수록 내 생각을 긍정적으로 유지하면서, 비록 현재 상황은 별로 좋지 않지만, 내 의지와 노력에 따라서 그것을 충분히 극복할 수 있다 라고 생각하면, 내 행복에도 큰 타격을 입히지 못한다. 그래서 "나는 행복하다!'

라고 자신 있게 말할 수 있을 것이다.

이를 보면, 행복조차도 개개인의 선택에 의한 결과물임이 증명된다. 마찬가지로 아이 입장에서도 스스로의 행복에 대해 책임지는, 즉 그 자신의 행복의 기초체력을 강화시키는 골든타임을 적극적으로 잡게 만들어야 한다. 역시나 이에 가장 큰 도움이 되는 게 바로 부모의 온소리습관이다. 왜냐하면 부모 온소리 그 자체가 사랑과 행복의 언어이기 때문이다!

"대부분의 사람들은 자신이 마음먹은 만큼만 행복하다"

- 링컨

5-3. 온 소리, 부모의 의지와 노력에 달렸다

'구화시문(口禍之門)'이린 사자성어가 있다. '입(말)은 화, 즉 제앙의 문이다'라는 뜻을 담고 있다. 한 마디로 '말조심하라!'는 뜻이다. 이 고사성어의 유래가 있다.

중국 당(唐)나라 말기(末期), 풍도(馮道)라는 이름의 재상(宰相)이 살고 있었다. 당이 멸망한 후 오대십국(五代十國)시대가 열리면서 세상이 급변했지만, 그 특유의 덕(德)과 현명함을 십분 발휘해, 이후 다섯 왕조를 거칠 때까지 재상 자리를 굳건히 지킬 정도로, 뛰어난 처세술을 발휘했다. 그의 인생철학을 담고 있는 시가 있다.

제목은 <설시(舌詩)>로, 내용은 다음과 같다.

'구시화지문(口是禍之門)	'입은 재앙의 문이요
설시참신도(舌是斬身刀)	혀는 몸을 베는 칼이다.
폐구심장설(閉口深藏舌)	입을 닫고 혀를 깊이 감추면
안신처처뢰(安身處處牢)'	가는 곳마다 몸이 편하다'

입은 우리의 인체 기관 중에서 가장 많이 쓰이는 기관 중의 하나다. 또한 거기서 나오는 말은 그 파급효과가 어마하다. 무슨 말을 하느냐에 따라서 사람을 살릴 수도 있고 죽일 수도 있을 정도다. 그렇

214

기에 절대 말을 함부로 해선 안 된다! 그럼 어떻게 말하는 게 바람직할까? 늘 말을 하기 전에 충분하게 생각을 한 후 하라! 특히나 그것이 부모가 아이에게 하는 말이라면 더더욱 그렇다.

이런 관점에서 보면 부모 잔소리는 이와는 정면으로 배치된다. 부모 입장만을 생각해, 아이에게 함부로 내뱉는 말이 되기에 아이에게 깊은 마음의 상처를 입힐 공산이 크다.

베버의 법칙

'부모 온소리는 다다익선(多多益善)이지만 부모 잔소리는 소소익선(小小益善)이다!'

"무슨 뜻일까?"

부모 온소리는 많이 하면 할수록 부모와 아이 모두에게 좋고, 부모 잔소리는 적게 하면 할수록 부모와 아이 모두에게 좋다는 뜻이다. 물론 경우에 따라선 부모가 잔소리를 할 수밖에 없는 피치 못할 사정이 생긴다. 그렇다 하더라도 부모의 잔소리는 정당화되기 어렵다. 왜 그럴까? 이것이 아이의 부정적인 생각을 키워, 서로의 소통을 방해하기 때문이다. 왜 아이의 이런 태도가 강화되는지 이유를 밝히는 글이 있어 소개해 본다.

'성장 과정에서 부모로부터 자주 화풀이를 당하거나 혼난 아이들은 '베버의 법칙'에 따라 반응한다. '동일한 자극이 지속되면 둔감해져서 반응하지 않고, 이전보다 더 큰 자극이 가해져야 반응 한다'는 것이 베버의 법칙이다.

자주 화를 내는 부모 밑에서 크는 아이들은 나름의 생존법을 터득한다. 언제까지 분노하는 부모에게 쩔쩔매며 살 것인가? 능력이 부족한데 어쩌란 말인가? 결국 아이는 부모의 감정적 반응을 무시하는 방법을 선택할 수밖에 없다. 학교에서도 마찬가지다. 체벌과 호통으로 가르치면 아이들은 회피하는 법을 배운다.'

신 규 진 작가의 책,《바라지 않아야 바라는 대로 큰다》에 나오는 내용이다.

부모에게 잔소리를 꾸준히 들어온 아이는 어느 순간부터 부모 말에 방어적인 태도로 일관한다. 이런 아이의 행동을 '베버의 법칙'에서 찾을 수 있다. 이 말인즉슨 진작에 부모의 그 어떤 잔소리도 아이로부터 무시되고 외면당하고 있다는 뜻이다.

세상에서 가장 잘 지어야 할 농사는 따로 있다

'일반 농사야 망치면 다시 지으면 된다. 하지만 이것은 한 번 망치면 절대 다시 지을 수 없다. 또한 이 세상에서 가장 잘 지어야 할 중요한 농사라고 할 수 있다. 과연 이것은 무엇일까?'

바로 '자식 농사'다.

자식 농사만큼 부모 인생에서 중요한 프로젝트가 있을까? 그만큼 모든 부모들은 아이가 잘되기를 희망한다. 하지만 그런 바람만으로 그쳐선 안 된다. 부모들이 먼저 짚고 대답해야 할 사실이 따로 있기 때문이다. 즉

"당신의 잔소리 습관은 일찌감치 아이가 받아들이기 힘든 말 습관이 돼버렸다. 그런데도 당신이 아직도 그것에 연연해하면서 바꾸지 않는 이유가 과연 무엇인가?"

십중팔구 잔소리보다 더 좋은 말 즉 온소리가 있다는 사실조차 제대로 인지하지 못하고 있기 때문이 아닐까? 하지만 지금이라도 늦지 않았다! 이제라도 온소리를 제대로 연습하고 익혀 당신의 습관어로 삼으면 된다. 그런 의미에서 당신이 명심해야 할 사실은 바로 이것이다.

'온소리, 당신의 의지와 노력에 전적으로 달렸다!'

"결국 모든 것이 나로부터 시작된다. 나를 다스려야 뜻을 이룬다. 모든 것은 내 자신에 달려있다"

\- 백범 김구

5-4. 부모라는 천직

지금 우리가 맡고 있는 부모라는 역할극을 하늘이 우리에게 부여한 천직(天職)으로 여길 줄 알아야 한다. 그만큼 부모 자식 관계는 신이 점지한 운명이 작용하지 않으면, 결코 이루어질 수 없는 관계다. 다시 말해, 부모가 된다는 건 내 아이에 대한 막중한 책임감을 신으로부터 부여받은 것과 다름없는 일이다.

기왕지사 부모가 된 입장이라면, 적어도 아이와 함께 하는 세월 동안은 되도록 밝은 표정으로 좋은 말을 전하면서 서로의 행복을 가꾸어가야 할 것이다. 이는 부모가 돈이나 유산 등과 같은 물질적인 것들을 물려주는 것보다 훨씬 더 값지고 의미 있는 일이다.

부모의 임무

"신이 우리에게 부모라는 천직을 맡긴 이유는 과연 무엇 때문일까?"

내 대답은 이렇다!

"그것은 바로 부모로서 우리가 아이를 위해 완수해야 할 본래의 임무가 무엇인지 늘 관심을 갖고 깨닫도록 하기 위해서다!"

이 같은 숙고과정을 거쳐야만 내 아이를 키우는 근본 목적과 이유를 좀 더 확실하게 알 수 있다. 물론 그것을 깨우치기가 처음부터 쉽진 않다. 부모가 의지를 갖고 오랜 시간에 걸쳐 풀어야 할 인생 숙제임에 틀림없다. 한편 이런 부모의 임무에 대해 명확하게 '콕' 집어 제시하는 책이 있어 눈길을 끈다.

미국 소아과 의사인 레너드 색스 박사가 쓴 책《무너지는 부모들》을 보면, 부모의 임무에 대해 다음과 같이 기술한다.

'부모의 임무가 무엇인지 떠올려보라. 부모의 임무는 아이가 자신이 될 수 있는 최고의 사람이 되도록 키우는 것이다. 부모가 받는 보상은 자신이 임무를 훌륭히 잘 해냈다는 사실을 아는 것이다. 아이가 다정하게 포옹해주거나 "사랑해요."라고 자발적으로 말해준다면, 그것도 신나겠지만 이러한 애정 표현이 부모의 주요 목표여서는 안 된다.'

아이가 자신이 될 수 있는 최고의 사람이 되도록 키우는 게 부모의 임무임을 강조한다. 그렇다면 이것을 실현시키기 위해선 부모가 어떤 역할에 중점을 두어야 할까?

응당 부모의 간섭이나 개입의 말은 배제되어야 할 것처럼 보인다. 반면 아이가 스스로의 인생에서 가치와 의미가 있는 꿈을 발견해, 그것을 이루기 위해 최선을 다하도록 하는, 부모의 공감어린 말 즉 부모 온소리는 대단히 중요하다.

위에서 강조한 아이 꿈 실현에 실질적인 도움이 되는, 아이가 갖추어야 할 세 가지 자질이 있다.

가령, A라는 아이가 있는데, 그에겐 이루고 싶은 꿈이 있다고 가정해보자. 하지만 현재 그는 그것을 이룰 수 있는 방법을 전혀 알지 못한다. 그렇다면 이 상황에서 A는 앞으로 무엇에 중점을 두면서 살아야 할까? 바로 다음과 같은 세 가지 자질을 우선적으로 키우는 데 집중해야만 한다.

첫째. A자신이 현재 상황 속에서 꿈을 이룰 자격이 충분하다고 확신할 수 있는 '자존감(自存感)'이 필요하다.

둘째. A가 혼자 힘만으로도 꿈을 실현시킬 수 있다는 믿음인 '자신감(自信感)' 역시도 중요하다.

셋째. A가 꿈을 향해 수없이 시도하는 과정에서 마주하게 될 절망과 후회조차도 기꺼이 감수하고 다시 일어설 수 있는 힘인 '자립심(自立心)' 또한 요구된다.

'자존감(自存感), 자신감(自信感), 자립심(自立心)!'

소위 '3자(自)'라고 불리는 이 세 자질이 A안에 충만할 때, A는 혼자 힘으로도 꿈을 이룰 가능성이 제일 높아진다.

한편 아이가 위의 3자(自)를 겸비하도록 하는 데 도움이 되는 부모의 태도가 있다. 바로 '부모의 행동력'이다. 이를 사자성어로 '솔선수범(率先垂範)'이라 부른다. 이런 내 주장을 뒷받침하는 좋은 사례가 있다.

바로 세상에서 가장 훌륭한 자녀 교육의 모범을 보여주고 있는 유대인 부모들이다. 그렇다면 유대인 부모는 아이들 교육에 대해 어떤 자세로 임하고 있을까?

무엇보다도 그들은 부모부터 평생 학습에 대해 적극적이다. 그래서 집에서도 늘 독서를 생활화하면서 아이들과 토론하는 걸 즐긴다. 부모가 아이에게 솔선수범을 보이는 걸 당연하게 생각하는 것이다. 이 때문에 유대인 부모들 입에선 절대 "해라!" "말아라!" 하는 잔소리가 흘러나오지 않는다. 결과적으로 부모의 선(先)행동이 아이의 후(後)행동으로 이어지는 자연스러운 행동 유도과정이 이루어진다.

솔직하게 말해, 나도 작가의 길을 택하게 된 게 사 십대에 접어들어서였다. 이곳에 투신한 지 어언 10년이 흘렀다. 하지만 이런 내 노력은 아직도 한창 진행 중이다. 지난 10년 동안 나는 작가로서의 기반을 튼튼히 다지기 위해 한시도 쉬지 않았다. 그런 아빠를 내 아이 둘 다 직접 눈으로 봐왔기에, 그들 역시도 아빠와 마찬가지로 자신이 원하는 꿈을 향해 최선의 삶을 살아갈 거라고 확신한다.

당신이 부모라는 천직을 맡게 된 건 전적으로 신의 소명(召命)에 의해서다. 그러니 당신이 맡게 된 소임을 되도록 좋은 방향으로 해석하고 기꺼이 수용하길 바란다. 어차피 맡게 된 운명이라면, 그것을 부정한다고 해서 사라지는 것도 아니요, 타인에게 전가(轉嫁)되지도 않는다. 따라서 당신이 기억해야 할 사실은 바로 이것이다.

우선은 내 아이의 자존감, 자신감, 자립심을 키워주는 데 집중하라. 아울러 당신 스스로도 열망하는 꿈을 이루기 위해 최선의 삶을 살라! 그런 뒤 그 이후의 모든 일은 하늘에 맡겨라!

바로 이 세 가지가 부모로서 우리가 할 수 있는 최선의 역할임을 잊어선 안 된다. 재차 당부하지만, 당신이 도맡게 된 부모라는 천직을 결코 가볍게 여기지 말길 바란다!

"내가 이미 수천 번도 넘게 말했지만 나는 이 자리에서 한 번 더 말하고 싶다. 세상에서 부모가 되는 일보다 더 중요한 직업은 없다"
- 오프라 윈프리

5-5. 온소리로 온 가정이 행복해지는 그 날까지

유대인 부모들이 아이를 보는 관점은 매우 특별하다. 과연 그들은 아이를 어떻게 보고 있을까?

'놀랍게도, 신이 주신 선물!'로 보고 있다!

여기서 내가 '놀랍게도, 신이 주신 선물!'이라는 표현을 써가면서까지 이 내용을 강조하는 이유가 도대체 무엇일까?

바로 이 관점은 우리나라 부모들이 아이를 보는 일반적인 시각과는 상당한 거리가 있기 때문이다. 그렇다면 우리나라 부모들이 아이를 보는 일반적인 시각은 과연 어떻단 말인가?

애석하게도, 우리나라 부모들 중 내 아이를 신이 주신 선물로 보고 있는 비율은 극히 낮은 게 현실이다. 물론 아이가 맨 처음 세상에 태어날 땐, 아이를 신이 주신 선물로 보는 부모들이 어느 정도는 존재하지 않을까?

하지만 그 이후, 아이를 키우는 과정에서 부모의 그런 시각에도 적지 않은 변화가 생긴다.

당장에 우리나라의 교육 현실을 보면, 부모들이 감당해야 할 정신적, 경제적, 물리적 부담감이 매우 크다. 이에 관해서는 앞서도 자세하게 언급한 바 있다. 그만큼 대한민국에서 부모 노릇을 하기가 무척 힘든 것도 사실이다.

여기서 나는 아이가 귀하지 않다는 말을 하려는 게 아니다. 아이는 당연히 소중하고 귀하다! 하지만 그런 우리 부모의 생각을 걷잡을 수 없이 왜곡시키는 현실적 요소들이 너무나 많다는 걸 강조하고 싶다. 다시 말해, 현재 우리나라의 교육 현실은 그나마 갖고 있던 부모의 긍정적인 생각조차도 부정적으로 흐르게 만드는 걸림돌들이 산재해있다. 때문에 아이가 약간이라도 잘못된 행동을 하면 이해와 아량으로 감싸기보다는, 말로 꼬집고 응징하려는 태도가 역력해진다. 부모가 아이를 바라보는 시각이 어떤가에 따라서 아이와의 대화 내용이 달라질 수밖에 없다. 물론 이게 끝이 아니다. 이는 아이의 정서와 심리에까지 적지 않은 영향을 끼친다.

당신 아이에겐 장점과 단점 중에 어느 쪽이 더 많다고 보는가?

여기서 질문을 하나 할까 한다!

"지금 당신은 당신 아이에게 장점이 더 많이 있다고 보는가 아니면 단점이 더 많이 있다고 보는가?"

아마도 이에 대해 즉답을 하기가 망설여지는 부모들이 적지 않을 거라고 짐작된다. 왜냐하면 우리나라 부모들 중 상당수가 자녀 양육

스트레스가 발단이 돼, 그들을 바라보는 시각이 곱지 않은 것도 사실이기 때문이다. 반면 아이를 신의 선물로 생각하는 유대인 부모들의 경우, 이 질문에 대해 어떻게 대답할까?

십중팔구 그들은 자신의 아이에게 단점보다도 장점이 더 많다고 대답할 것이다. 아이를 바라보는 그들의 시각이 우리나라 부모들보다는 훨씬 더 긍정적임을 알 수 있는 대목이다. 그에 따라 그들 부모 입에서도 진작에 온소리에 비견되는 긍정적인 대화습관이 확고하게 자리 잡혀 있을 거라고 판단된다. 이를 뒷받침하는 대표적인 사례가 바로 '하브루타'다!

'하브루타가 무엇인가?'

이는 유대인의 전통적인 대화방식을 뜻한다. 보통 두 명씩 짝을 지어 질문과 대답, 토론하는 형식을 취한다. 부모가 아이와 대화할 때도, 서로가 대등한 위치에서 대화가 자유롭게 오가기에 서로 간의 소통이 원활해진다.

하브루타의 제일 큰 장점은 바로 '자율성'이다. 대화에 참여한 이들은 서로에게 자유롭게 그 어떤 질문이라도 던지며 대답을 들을 수 있다. 반면 우리나라 부모들이 주로 쓰는 잔소리는 대화라고 보기 힘들다. 부모가 일방통행 식으로 아이에게 전달하는 강요의 말에 가깝다.

이 같이 우리나라 부모들 입에 잔소리가 습관화되었다는 건, 부모들 중 상당수가 아이에게 장점보다 단점이 더 많다는 시각이 지배적이라는 얘기다. 그래서 부모 말이 대번에 아이의 생각이나 행동을 억누르려는 식이 되고 만다. 아이의 자율성을 전혀 인정하지 않는 부모의 바람직하지 않은 태도다! 내가 아이에게 하는 말 한마디 한마디가 아이 기억에 단단히 새겨진다는 걸 명심하라! 이 말인즉슨 아이 행복을 위해 부모인 내 역할과 책임이 그만큼 크다는 걸 의미한다.

한편 내 아이의 불행을 부모가 절대 방관해서는 안 된다는 게 나의 교육 신념이다. 그래서 아이에게 하는 부모의 잘못된 대화습관부터 고치는 게 맞다고 생각했기에, 우리나라 부모들 입에 가장 고착화된 잔소리부터 바꿔야 한다고 보았다. 바로 이것이 잔소리의 반대말이자 그 말의 대척점에 있는 '온소리'를 개발하게 된 핵심 배경임을 재차 밝혀둔다.

온소리로 온 가정이 행복해지는 그 날까지

만일 우리가 잔소리를 고치지 않고 앞으로도 계속해서 사용할 경우, 충분히 예견되는 일이 있다. 십중팔구 인생의 종착지에 다다라선, 과거의 그 모든 언행들에 대해 후회막심하게 여길 가능성이 높다는 점이다. 이럴 경우, 내 인생은 물론이거니와 내 아이 인생에도 크나큰 오점을 남기는 셈이 되고 만다.

물론 잘 안다!

당장 우리 눈앞의 현실은 온소리를 정착시키기에 매우 척박하다는 사실을. 오랜 세월 동안 부모 잔소리만 만연해온 사회적 분위기를 일시에 바꾸기란 정말이지 힘든 일임에 틀림없다. 그럼에도 불구하고 이 일을 포기해서는 안 된다. 왜냐하면 부모 입장에서 그런 각오와 노력조차도 하지 않는다면, 나와 내 아이의 행복을 제아무리 말로 논해봤자 전혀 소용없는 일이 되고 말기 때문이다. 그렇기에 당장은 힘이 들더라도 그런 모순된 현실을 하나씩 그리고 단계적으로 고쳐나가겠다는 부모의 결의와 의지가 무엇보다 중요하다.

당신과 당신 아이의 행복을 진정으로 원하고 있는가? 그렇다면 당신의 잘못된 습관어인 잔소리부터 고쳐라. 바로 온소리로 말이다! 게다가 앞으로 아이와의 대화중에 이 말을 적극적으로 쓰겠다고 다짐하라.

지금까지 나는 우리나라 부모들의 잔소리습관으로 인한 사회적 폐해가 매우 심각하다는 점을 누누이 강조해왔다. 재차 말하지만 이는 우리 모두가 그렇게도 바라마지 않는 행복과 틀림없이 멀어지는 길이다. 이런 불합리한 문제를 하루빨리 불식시키기 위해서라도 내 자신부터 당장 이 자리에서 대한민국의 온 가정이 행복해지는 그 날까지 온소리를 적극적으로 전파하겠다고 다짐해본다.

자, 이제 당신 차례다! 온소리를 아이아이 대하에서 적극 써부라! 틀림없이, 당신과 아이의 소통과 관계, 행복에도 크나 큰 도움이 될 것이다. 건투를 빈다!

"아이들은 신이 내려준 수수께끼, 세상의 수수께끼를 다 합친 것
보다 풀기 어렵지. 하지만 몸소 사랑을 실천한다면 풀 수가 있지"

- C. F. 허벨

대한민국 부모 자녀 행복교육 프로젝트
내 아이와 소통이 잘 되는 부모의 공감대화법

2022년 11월 9일 1판 1쇄 발행

지은이   최영철
펴낸이   김연화
펴낸곳   라라북랜드

출판등록   제 2022-000022호
전화   070-8985-2838
디자인   첫번째별디자인
인쇄   북크림
주소   대구광역시 북구 칠성남로 100 102동 1404호(대구역한라하우젠트)
이메일   powerdream21@naver.com
ISBN   979-11-979941-9-7